구수하고 재미있는

삼척방언 순례

구수하고 재미있는

삼척방언 순례

이경진 저

도서출판 태원

| 책머리에 |

　스무 살에 고향을 떠나 객지에 산 지가 오래입니다. 그러다 보니 늘 고향 사람, 고향 산천이 그리웠고 고향 말이 그리웠습니다. 그러한 마음을 달래려고 고향 말에 관심을 가졌고 마침내 보물과 같은 고향 말들을 모아 사전으로 엮고 고향 말을 소재로 한 산문집도 출판했습니다. 그것만으로 만족할 수 없었습니다. 고향에서 매달 발행되는 「시정소식지」에 잡초처럼 살아온 백성들의 삶을 소재로 한 이야기를 연재하고 싶었습니다. 시장님을 찾아가 의논했더니 쾌히 승낙하여 주어 2019년부터 연재를 시작하였습니다. 재능기부 차원에서 시작한 일입니다. 어언 70여 편이 넘는 글이 모였습니다. 그 글들을 조금 수정하거나 증보하여 단행본으로 엮었습니다.

　이 책에 수록된 어휘들은 삼척지방 사람들이 조상 대대로 써온 말입니다. 이들 말속엔 옛사람들의 생각과 풍속·풍습이 녹아있습니다. 한편, 다른 지방에서는 들을 수 없는 삼척 특유의 말도 있습니다. 그런가 하면 언어의 호적부라고 할 수 있는 국어사전이나 방언사전에조차 올라 보지도 못하고 저잣거리를 헤매는 가련한 처지의 어휘도 있습니다. 그런 신세의 말들을 하나하나 찾아서 햇빛을 보게 하고 싶었습니다.

지방자치단체에서 발행하는 「시정소식지」는 행정 정보의 제공이나 지역의 행사나 소식, 미담을 게재하는 게 일반적입니다. 그래서 천편일률적이고 무미건조하다는 느낌을 받기 쉽습니다.

삼척시의 방언 코너 운영은 그런 면을 다소나마 완화해 주는 역할을 한다고 봅니다. 이 자료집이 내 고장의 언어를 사랑하고 보전·계승하는데 도움이 되기를 기대합니다.

그동안 독자들로부터 많은 격려가 있었습니다. 그중 몇 분을 소개하면, 제32~34대 김진선 강원도지사님과 출향 인사로 재경 삼척향우회 홍석진 사무국장님, 부산의 김호경 사장님의 격려가 있었습니다. 고향 분들로는 삼척시에서 국장을 역임하신 이용선·박인용 국장님, 근덕면 금계리의 이민우 님, 친구인 박병도·김태하 님의 격려가 있었습니다. 매달 초에 시정소식지를 받아 들면 방언 코너부터 읽게 된다고 하니 감사할 따름입니다.

 기초자치단체의 소식지에 지역의 정겨운 언어들을 연재하는 것은 삼척시가 전국 지자체 중 최초이자 유일한 것으로 여겨집니다. 이를 매우 자랑스럽게 생각합니다. 다른 자치단체에서도 그 시군의 홍보지에 자기 지역의 방언을 소개하는 코너가 있었으면 좋겠습니다. 끝으로, 매월 저의 방언 이야기를 게재해 주고 계신 시장님과 관계자 여러분에게 감사드립니다. 아울러 이 책 발간을 지원해 주신 김별아 강원문화재단 이사장님께도 고마운 마음을 전합니다.

2025년 11월

춘천 우두산 자락에서 이 경 진

|축하의 글|

이 책이 전국 각 지역 방언의 소중함을 깨닫는 계기가 되기를 기대하며

먼저, 이경진 수필가의 『구수하고 재미있는 삼척 방언 순례』 출판을 진심으로 축하드립니다. 저자가 이 책 출간에 앞서 초고를 제게 보내왔습니다. 그 원고를 읽어보다가 저는 눈이 번쩍 뜨이고 귀가 뻥 뚫리는 감명을 받았습니다. 또한, 매우 반가웠습니다. 이 책이 나오는 어휘 중에는 친숙한 어휘도 있었지만, 상당수가 이미 잊은 지 오래된 어휘였습니다. 그런 어휘들을 소환해 정감이 어린 필치로 엮었기에 놀랐던 것입니다.

아시다시피, 방언은 그 지방의 정체성을 상징하는 요소 중의 하나로 어휘 하나하나에는 그 지방 사람들의 삶과 문화가 녹아있습니다. 그렇게 소중한 언어들이 급속히 사라지고 있는 시점에 이런 책의 출간은 의미가 크다고 봅니다. 이런 일을 비롯한 지역의 유무형 문화를 기록유산으로 남기는 일은 그 지방의 역사와 문화를 잘 아는 향토학자의 몫이라고 할 수 있습니다. 저자는 그런 위치에 있지 않으면서도 오로지 고향을 아끼고 사랑하는 마음으로 이렇게 뜻깊은 일을 해냈으니 상찬하지 않을 수가 없습니다.

저자인 이경진 수필가와 저와의 인연을 말씀드리면, 저자는 제가 도지사 시절 국장으로 함께 도정을 수행한 바 있습니다. 도청의 간부로 재직할 때, 본래 자기 분야 업무에 밝고 유능하였으며, 평소에도 글을 잘 썼습니다. 한편, 순박한 심성에, 투박하고 정겨운 영동지방 말투여서 친근하게 느꼈고 쉽게 교감하기도 하였습니다.

같은 언어를 쓰는 사람들 사이에는 동질감을 바탕으로 한 연대 의식이 있습니다. 그래서 방언은 그 지방 사람들을 결속하는 힘이 있고, 심지어 고향을 떠나 객지에 살고 있는 출향인들마저 한마음으로 묶는 힘이 있습니다. 이 또한 지역어를 잘 보존해야 할 이유입니다. 저자가 소망했듯이, 다른 지방에서도 그 지방 말의 보존·전승을 위한 운동이 활발히 전개되었으면 좋겠습니다. 그래서 언어의 다양성이 유지되었으면 좋겠습니다. 끝으로 다시 한번 출판을 축하드리며, 앞으로 더 많은 활동을 기대해 봅니다.
감사합니다.

2025년 11월

제32, 33, 34대 강원도지사 김진선

| 차례 |

책머리에 \ 5
축하의 글 | 제32, 33, 34대 강원도지사 **김진선** \ 10

1부 \ 일상 속의 삼척말

1. 어데 가와? 뭐하러 가와? \ 17
2. 아주 먼 옛날인 고려 때도 썼던 '하마'라는 말 \ 20
3. 사흘 굶은 '써마이' 얼굴 \ 23
4. 천자문 문구에서 유래된 '별진잘숙하다' \ 26
5. '예미'와 '진땡이' \ 30
6. 꼭 죄놓은 사람 \ 33
7. 얼분을 떨다 \ 36
8. 무논과 물개단 \ 39
9. 반물래기와 떨어진 땡감 \ 42
10. 물쿵뎅이, 그리고 질구다와 말구다 \ 46
11. '달다'는 무슨 말이고 '소잡다'는 무슨 말인가? \ 49
12. 도삽과 도삽질 \ 52
13. 무꾸때리미 \ 55
14. 건추, 건추국 \ 58

2부 \ 조상 대대로 써온 삼척말

 1. 두가지 의미로 쓰이는 뿌꾸지 \ 65
 2. 아래기와 차리기 \ 68
 3. 추억의 쫀데기 \ 71
 4. 소(牛)와 소통하는 말에도 방언이 있다 \ 74
 5. 망웇 \ 78
 6. 강물이 바닷물과 만나는 곳, 개목 \ 82
 7. 눌인국시와 노두국시 \ 86
 8. 보릿고개와 밀지울밥 \ 90
 9. 물미, 물미가 터지다 \ 93
10. 물미는 문리(文理)다 \ 96
11. 맹방바다에 지천이었던 째복 \ 99
12. '들은 신청도 안 하다'와 '들은 청, 만 청하다' \ 102
13. '멀', '멀이 서다' \ 105

3부 \ 풍물·풍속 속의 삼척말

 1. '바우다'와 '앗이다' \ 111
 2. 벼농사와 날기 \ 115
 3. 불, 모래불 \ 119
 4. 쉰편과 떡 받으러 가기 \ 122
 5. 꼴과 꼬질, 그리고 안들메 \ 126
 6. 자부름 \ 129
 7. 산골짜기 논의 귀애 \ 132
 8. 깍지를 만드시던 할아버지 추억 \ 135
 9. 놋그릇과 재깨미 \ 138
10. 쎄겡이와 쎄가리 \ 141
11. 돌이 오줌을 싸는 영서 땅 \ 144
12. 남의 소를 대신 키워주는 '쉬침' \ 148
13. 지난 시절의 정낭 풍경 \ 151
14. 잿봉이와 왁달계 \ 155

4부 \ 사전에 없는 삼척말

1. 정겨운 말, 떡돌이와 곶감돌이 \ 161
2. 집이 쨰다 \ 164
3. 윷인가? 사륙인가? \ 167
4. 부역에서 유래된 말, '골' \ 170
5. 마지막 화전민 할아버지가 말한 '불담' \ 174
6. 추매, 추매꾼 \ 178
7. 쭐래와 쭐래쭐래 \ 182
8. 감 종류와 째지바리 \ 185
9. 똘똘말이 한번 할래? \ 189
10. '씨몽살이', '씨몽살이하다 \ 192
11. 몽꽁이와 고무열이 \ 196
12. 한여름 강에서 즐기는 뽕고기낚시 \ 200

5부 \ 삼척에서만 쓰는 독특한 말

 1. '계(契)를 갈다'와 색, 그리고 '차지' \ 205
 2. 곤두벌거지 \ 209
 3. 범물과 툽 \ 212
 4. 태풍과 무시깨비 \ 216
 5. 포디기를 많이 먹으면 입천장이 벗어지고 속이 대루워요 \ 219
 6. '포디기'와 '포디기씌우다' \ 223
 7. 상복(喪服)과 닮은 매미몽상 \ 227
 8. 이런 지기와 저런 지기 \ 231
 9. 아나!, 았다!, 았소! \ 234
10. 골리고 골리다가 지골랐다 \ 237
11. 이세! \ 241
12. 꾼들다 \ 245
13. 한 면(面)에서만 쓰는 말, '홍찰스럽다'라는 말 \ 248

마무리를 하며... \ 251

1부 \ 일상 속의 삼척말

2019년 첫 연재를 시작하면서 저는 다음과 같은 글을 실었습니다.

언어학자들은 삼척을 언어의 보고(寶庫)지대라고 합니다. 강릉·동해지방과 함께 영동남부지방 언어권이지만, 삼척 고유의 방언이 많습니다. 고어가 많이 잔존하고 있고 억양은 강릉지방에 비해 더 쎕니다. 정겹고 보물 같은 우리 고장 언어들이 방송·통신·교통의 발달과 언어정책·산업화·정보화의 영향으로 급속히 사라져가고 있습니다. 이번 달부터 「삼척시지」에 우리 고장의 자랑이자 정체성을 상징하는 삼척 방언을 연재해 나갑니다.

1. 어데 가와? 뭐하러 가와?

전 삼척 방언의 대표적인 말을 든다면 무엇보다도 '어데 가와?'와 '뭐하러 가와?'라는 말이라고 생각합니다. 이 말은 아주 특이하면서도 정겨운 말인데요. 삼척지방 사람들이 흔히 쓰는 언어입니다. 삼척의 시내와 근덕면의 사이에는 한재라는 높은 재가 있습니다. 한재 정상에서 내려다보는 바다의 풍광은 정말로 장관입니다. 지금은 터널이 뚫려 쉽게 넘나들지만 말입니다. 예전에는 걸어서 넘었습니다.

 재 넘어 남쪽에 사는 민초들로선 이 재가 애환의 재였습니다. 계속 오르막길이자 꼬불꼬불한 굴곡이 많아 힘들게 넘었기에 애환의 길이라고 하는 것입니다. 직접 지은 농산물이나 푸성귀, 장작을 지고 가 항구인 정라진이나 번개시장에 내다 팔았습니다. 돈이 귀한 시절, 가용에 쓸 돈을 만들었으니 고마운 재이기도 했습니다. 시내에 갔다가 돌아오는 길에는 고기나 생필품을 사 올 수 있었으니 이 또한 고마운 길이었습니다. 어머니들은 돈 한 푼이 아까워 남이 안 볼 때는 고무신을 벗고 걸었다고 합니다. 다음은 정라진 항구로 농산물을 이고 가는 아주머니와 오분리에 사는 사돈 아주머니가 고샅에서 만나 나누는 대화입니다.

   아주머니 1 : "아이구! 사돈이요, 오래간만이오야. 어데 가와?"
   아주머니 2 : "그동안 잘 지셌소? 정라진에 가잖소."
   아주머니 1 : "뭐 하러 가와?
   아주머니 2 : "괴기 사러 가잖소. 제사에 씰(쓸) 괴기 말이래요."

단 몇 마디의 대화지만 '가와'라는 말이 여러 번 나옵니다. '어데 가와?'라는 말은 삼척을 대표하는 방언이라는 점을 앞에서 언급한 바 있습니다. 아시다시피, '어데'는 '어디'라는 말이고 '가와'는 '가오?' 또는 '가나요?'라는 말입니다. 그런데요. 어미의 '~와'는 삼척 사람들만 쓰는 말입니다. '~오'에 해당하는 말입니다. 억양의 높낮이에 따라 뜻이 달라집니다. 예문에서 언급한 것처럼 의문형으로 쓰이지만요. '~와'는 '~세요'라는 청유형 어미로도 쓰이고요. '~니다' '~습니다' '~입니다'. '~더군요' 등 서술형 어미로도 쓰입니다.

똑같은 말이지만 억양에 따라 의문형, 서술형, 청유형 등 3가지 유형으로 쓰인다 이 말씀입니다. 이런 사례가 많으니 외지 사람들로선 삼척말을 알아듣기 힘듭니다. 세월이 흘러 이제 '어데 가와'라는 말은 나이 많은 사람들이나 쓰지, 젊은이들은 거의 쓰지 않는 것 같습니다. 같은 영동지방이라도 인근의 강릉 사람들이나 정선 지방 사람들도 쓰지 않는 말이 '와'라는 말인데요. 삼척에서만 쓰는 말, 정겨운 삼척 말 "어데 가와?"라는 말을 많이, 자주 썼으면 좋겠습니다.

2. 아주 먼 옛날인 고려 때도 썼던 '하마'라는 말

'하마'라는 말은 삼척을 비롯한 영동지방 사람들이 흔히 쓰는 말입니다. 이 어휘는 '이미' '벌써'에 해당하는 말입니다. 육백여 년 전 멀리 조선 초기, 서울에서도 널리 썼던 말입니다. 그 근거를 들어보겠습니다. 조선 개국을 찬양한 『용비어천가(龍飛御天歌)』가 있습니다. 고등학교 국어 교과서에도 실려 있지요. 세종대왕께서 한글을 창제한 후 처음으로 편찬한 책인데요. 42장에 아래와 같은 구절이 있습니다.

> 西幸(서행)이 ᄒᆞ마 오라샤 角端(각단)이 말ᄒᆞ야놀 術士(술사) 從(종) ᄒᆞ시니 東寧(동녕)을 ᄒᆞ마 아ᅀᆞ샤 구루미 비취여늘 日官(일관)ᄋᆞᆯ 從(종)ᄒᆞ시니

위에서 보듯이, 'ᄒᆞ마'라는 말이 두 번이나 나옵니다. 『용비어천가』는 세종 27년, 즉 1445년도에 편찬했습니다. 왕의 명에 의해 권제, 정인지 등이 편찬했다고 합니다. 아

시다시피, 목조(穆祖)에서 태종까지 여섯 분의 사적(事蹟)을 엮은 것입니다. 목조와 관련해선, 삼척의 미로면 활기에 그의 능이 있습니다. 목조 이안(李安社)인 그의 능은 전주 이씨들의 남한 내 가장 오래된 묘로 알려져 있습니다. 매년 4월 20일, 정해놓은 날에 전주이씨 종약원에서 제향을 올리고 있습니다. 그의 능은 명당 중의 명당으로도 이름이 나 있습니다. 이 능을 쓴 덕분에 조선이 있다는 기록이 삼척의 고서 『척주지』에 나옵니다.

1445년은 지금으로부터 580년 전인 아득한 옛날입니다. '하마'라는 말은 그 시절에도 사용하던 말이기에 『용비어천가』를 지을 때 글로 썼을 것입니다. 이 어휘의 사용 시기는 조선 초기보다 더 거슬러 올라가 고려 때도 썼던 말임을 추정할 수 있습니다. 왜냐하면 『용비어천가』를 편찬한 학자들은 거의가 고려 때 태어난 사람이므로 그렇습니다. 'ㅎ마'라는 어휘는 그들의 부모, 그들의 할아버지·할머니로부터 전해 들은 말이었을 것이기에 그렇게 추정합니다. 합리적인 추정입니다.

'하마'는 위와 같이 조선시대 수도권에서 흔히 썼던 표준말입니다. 그러나 세월이 지나면서 수도권 지역에서 사라지거나 사용 빈도가 줄어들다 보니 현대에 와서는 오히려 방언 취급을 받고 있습니다. 국립국어원의 『표준국어대사전』에는 눈을 씻고 봐도 없고 「우리말샘」에 방언이라고 하고 있습니다. 전 이점이 안타깝습니다. 왜냐하면, 전국적으로 쓰이는 언어 같아서입니다. 근현대작가들의 소설 여러 작품에 이 어휘가 등장합니다.

채만식의 소설 『태평천하』, 홍명희의 『임꺽정』에 나오고요. 박경리의 『토지』, 송기숙의 『암태도』, 이문열의 『변경』, 최명희 『혼불』에도 나옵니다. 이러한 사례를 볼 때 현대에까지 전국적으로 통용되는 어휘임을 알 수 있습니다. 전국적으로 사용되는 하마! 방언이 아니고 당당히 표준말로 지정되어야 합니다. 지금이라도 국어사전에 표준말로 등재되기를 기대합니다.

마지막으로 말씀드릴 것은, 동해·삼척·태백 쪽에서는 '하마'라고 쓰지만, 강릉지방에서는 '하머'라고도 합니다. 강릉말과 삼척말의 차이에 대해선 뒤에 거론하겠습니다.

3. 사흘 굶은 '써마이' 얼굴

삼척지방 말 중에 '사흘 굶은 써마이 상(相)이다' 또는 '사흘 굶은 써마이 상을 해서…'라는 말이 있습니다. 써마이! 영어 같기도 한데요. 무슨 밀인지 아시겠어요? 다른 지방 사람들은 전혀 알아들을 수 없는 말인데요. 이해를 위해 실제 쓰이는 예를 들어보겠습니다.

1. "니는 왜서(왜) 사흘 굶은 써마이 상을 하고 있나?"
2. "야가 시방 사흘 굶은 써마이 얼굴을 해가지고 뎀비네."
3. "네 낯짝이 지금 사흘 굶은 써마이 상 같다. 민경(면경) 좀 데다 봐라."

위의 내용 중 '써마이'라는 말은 '시어머니'의 사투린데요. 표준말인 시어머니가 시어머니→시어마이→씨어마이→써마이로 축약이 되며 된소리화된 것이지요. 불과 반세기 전, 전통 농경사회에서는 써마이 권위가 대단했습니다. 며느리로선 써마이 말을 거역한다는 것은 상상조차 할 수 없었지요. 전통 농경사회, 며느리의 심정을 읊은 가사가 있습니다. '고초 당초 맵다 한들 시집살이보다 매울 소냐?'라는 하소연을 담은 민요가 고장의 역사서인 「척주지(陟州誌)」에 실려 있습니다.

그렇게 대단한 존재인 써마이가 사흘이나 굶으셨다? 그것도 며느리가 밥을 안 해줘서?

사흘이나 굶은 시어머니를 상상해 보셨나요? 배가 매우 고픈 모습은 보지 않아도 불을 보듯 뻔합니다. 사흘 굶은 시어머니로선 자신을 여러 날 굶긴 며느리가 온전하게 보이겠습니까? 이유 여하를 막론하고 인상을 찌푸리고 노려볼 것입니다.

이런 이야기는 상상에 불과한, 지어낸 이야기이고요. 실제론, 어느 며느리가 시어머니를 사흘씩이나 굶기겠습니까? 양식이 떨어졌더라도 나물죽, 좁쌀 국죽이라도 끓여서 드릴 것이고요. 이웃에서 쌀을 꿔서라도 따뜻한 밥을 지어서 올릴 것입니다. 실제로 일어날 일은 아니지만, 옛사람들은 시어머니가 여러 날 굶었을 때를 상정하여 위와 같은 말을 만들어 냈다고 봅니다.

'사흘 굶은 써마이 얼굴'이라는 말은 몹시 인상을 찌푸리거나 험상궂은 얼굴일 때 '그런 얼굴을 하지 말라', '화난 얼굴을 짓지 말라', '얼굴을 좀 펴라'는 뜻으로 사용하는 말입니다. '웃는 얼굴에 침 못 뱉는다'는 속담이 있습니다만, 우리는 남을 대할 때 온화한 얼굴로 대해야지, 찡그린 얼굴로 대해서는 안 되겠습니다.

세월이 변해, 써마이 군림 시대는 가고 써마이가 며느리 눈치를 봐야 하는 세상이 되었습니다. 며느리가 내 아들과 알콩달콩 화목하게 살기를 바라고 손주 손녀도 쑥쑥 낳아줬으면 좋으련만, 며느리의 생각은 어디에 가 있는지 모르겠습니다. 그래서 오늘도 써마이는 그런 내색은커녕 며느리 눈치를 살피며 가슴앓이를 하고 있습니다.

4. 천자문 문구에서 유래된 '별진잘숙하다'

 예전 학동들이 서당에 가면 가장 먼저 천자문(千字文)부터 배웠습니다. 하늘 천(天). 따 지(地)에서부터 시작하는데요. 네 글자씩 묶어서 이해하였지요. 천자문 중에 '일월영측(日月盈昃), 진수열장(辰宿列張)'이란 구절이 있습니다. 직역하면, '해와 달은 차고 기울며, (하늘의) 별과 별자리는 줄지어 펼쳐져 있다'라는 말인데요. 천문 현상, 시공간의 변화를 의미하는 말입니다.

 그 중 '宿'이란 한자는요. 보통 잘 숙, 묵을 숙이라고 읽습니다. 하지만, 별 또는 별자리(星座)를 의미하기도 합니다. 그럴 때는 '숙'으로 읽지 않고 '수'로 읽지요. 예전 서당에 다니셨던 어르신들 가운데는 천자문을 비롯해 사자소학(四字小學), 명심보감(明心寶鑑) 같은 책을 읽던 시절이 떠오를 겁니다. 그 시절 배운 내용 중 인생에 도움이 되는 문구는 지금도 달달 외우고 계실 것 같습니다.

그런데요. 천자문의 별 진(辰), 잘 숙(宿)이라는 한자 본래의 의미와 달리 쓰는 사례도 있었습니다. 우리가 발이나 다리가 성하지 못하면 절뚝거리게 마련인데요. 삼척·동해지방에선 다리를 절다, 절룩거리는 모습을 '별진잘숙한다'라고도 했습니다. 왼발과 오른발의 균형이 맞지 않아 뒤뚱거리는 것을 그렇게 말하기도 했지요. 그래서 "저기 별진잘숙하며 걷는 자(재) 좀 봐라. 참 안쓰럽다."라고 하면, '절룩거리며 걷는 모습이 안쓰럽다'라는 말이고요. "쟈는 별진잘숙이다."라고 하면, '쟤는 절름발이다'라는 말입니다. 심지어는 그들이 발을 옮길 때마다 동작에 맞추어 "별 진, 잘 숙"이라고 하며 놀리기도 했습니다. 오른발을 옮길 때 '별 진'이라 하고요. 왼발을 옮길 때 '잘 숙'이라고 말입니다. 지체장애인의 처지를 배려하지 못한 속된 말인데요.

이 말이 생겨난 유래를 생각해 봤습니다. 우선, 이 지방 방언에 '잘름거리다'를 '잘숙거리다' '잘숙대다'라고 하는데요. 이 어휘의 '잘숙' 부분을 천자문의 '잘 숙'과 연계하여 인용한 듯합니다. 근대식 교육기관인 학교가 없던 조선시대에는 향교가 지방 학교였고 서당은 사설 학원이었습니다. 그 시절 아이들은 서당에서 훈장으로부터 천자문을 배울 때 辰과 宿이란 한자도 큰소리를 내어 읽으며 익혔을 겁니다. '별 진(辰), 잘 숙(宿)'이라고 말이지요. 그래서 그 시절 한문 공부를 한 사람은 누구나 다 아는 문구였을 것입니다.

그런 가운데, 어느 학동 하나가 절름발이 친구가 걸어가는 모습을 보고 짓궂게 '별 진, 잘 숙'이라고 말하였을 겁니다. 한자를 섞어 하는 말이 좀 유식하게 느껴지는 데다 운(韻)을 곁들여 말하니 우습기도 하고 재미있기도 하였을 것입니다. 차츰 공감대가 형성되고 널리 전파되기까지 하였을 것 같습니다. 왜냐하면, 이 말이 삼척·동해지방뿐만 아니라 정선이나 강릉, 양양 등지에서도 통용되었으니 말입니다. 따라서, 이 말은 현대에 형성된 말이 아니고요. 먼 옛날인 조선시대까지 거슬러 올라가는 오래된 말임이 분명합니다. 비슷한 말로 삼척·동해 지방에 '아짤숙아짤숙한다'라는 말도 있는데요. 들어보셨는지요? '별진잘숙하다'라는 말과 같은 의미로 쓰였습니다.

위의 '별진잘숙하다' '아짤숙아짤숙하다'라는 말은 모두 구시대의 말입니다. 지금은 쓰라고 해도 쓰지 않는 말입니다. 제가 굳이 위의 말을 언급한 것은, 향토 언어 연구가로서 이런 비이성적인 언어, 그런 말을 쓰던 시대도 있었음을 기록해 두기 위해서일 뿐이지, 지체장애인분들의 아픔을 들추어내려고 쓴 것이 아닙니다. 이 점 오해 없으셨으면 합니다.

5. '예미'와 '진땡이'

 일제강점기 때 '술 조사'란 것이 있었는데요. 밀주 단속이라 하여 세무서직원이 농촌에 술 조사를 나오면요. 온 마을이 초비상이었다고 합니다. 나뭇가리나 거름더미에 술독을 감추었는데요. 조사원에게 걸리면 벌금을 많이 물어야 했기 때문인데요. 그렇게 가정에서 술을 못 담그게 했지만요. 어찌 농촌에서 술을 안 해 먹을 수가 있겠소? 농사 일을 할 때 먹는 농주, 제사 때 쓰는 제주 때문에 가만히라도 술을 담가야 했습니다. 농주를 담갔다가 술이 익으면요. 체로 걸러서 먹었는데요. 때론 술을 거르지 않고 그냥 먹을 때도 있었는데요.

 삭은 밥알이 둥둥 떠 있거나 누룩 찌꺼기가 있는 술의 원액에 물을 조금 섞어 마셨는데요. 아시는지 모르지만 그걸 '예메' 또는 '예미'라고 했습니다. 거르지 않은 술이라 목으로 넘어갈 때 누룩 찌꺼기가 목에 걸리기도 했지요. 힘든 일을 하다가 목이 컬컬할 때 한 사발 마시면요. 시장기가 확 가시고요. 피로도 잊게 되지요.

 그런데요. '진땡이'란 술도 있는데요. 이건 다된 술에 물을 붓지 않고요. 그냥 거른 술을 말하는데요. 양조장에 가면 사람 키만큼 큰 술 단지가 있는데요. 그런 술 단지에서 바가지로 떠서 주는데요. 아주 걸쭉하지요. 술이 뻑뻑하다는 말씀입니다. 한 바가지 들이키고 나서 굵은 소금 몇 알을 안주 대신에, 입에 털어 넣는데요. 금방 속이 뜨끈뜨끈해지고요. 얼굴이 불콰해지잖소. 진땡이를 먹으면요. 술이 냉큼 깨지 않고요. 오래갔잖소. 나이 드신 분 중에는 그런 경험을 가진 분이 있으실 겁니다.

 '예미'는 다른 뜻으로 사용되는 '예미'도 있습니다. 예전, 정라진 항구에 가면요. 꽁치나 오징어가 개락으로[1] 많이 났는데요. 농촌에선 비가 많이 올 때 괴기[2]를 사러 갔는데요. 왜냐하면요. 비가 오는 날에는 괴기 값이 아주 싸지기 때문이었지요. 평소보다 오분 지 일 가격으로 값이 뚝 떨어졌는데요. 그 이유는요. 지금처럼 저온 저장시설이 없었기 때문이잖소. 비가 오는데 그 많은 괴기를 널어

---

1) 홍수처럼 2) 고기

말릴 수도 없고요. 냉장고에 넣을 수도 없으니 자연히 똥값이 되었던 것이지요 뭐. 돈이 궁한 농촌에선 이때다 하고 비 오는 날에 괴기를 사러 간 것입니다. 사 온 괴기는요. 단지에 넣고 소금을 듬뿍 쳐서요. 땅에 묻어두었는데요. 숙성되면 꺼내 먹었지요. '예미'를 표준말로 하면 젓갈인데요. 그 시절엔 그것도 '예미' 또는 '예메'라고 했습니다. 거르지 않고 먹는 술과 젓갈, 두가지 의미로 사용되는 이 말은 삼척·동해지방에서만 쓰는 말입니다.

6. 꼭 죄놓은 사람

 꼭 죄 놓다! 무슨 말인지 아시겠어요? 금방은 잘 모르겠지만, 70대 이상 분들은 아실 것 같습니다. 그러나 젊은 세대들은 모를 것 같은데요. 무슨 말인지 알려드리기 전에 우선 배경 설명을 해야겠군요.

 예전 감자를 심을 땐 씨눈이 있는 주위를 도려내 심었는데요. 밤톨 크기만 한 것을 밭에 놓았지요. 그럴 때, 어른들은 감자를 한 뼘 간격으로 놓으라고 했는데요. 눈대중으로 심다 보면요. 한 뼘보다 더 될 수도 있고 덜될 때도 있지요. 곧이곧대로, 어른이 시킨 대로 한 뼘씩 일일이 재어가며 심는다면 진도가 매우 느리게 마련입니다.

 또, 가을에 감을 따서 팔려면, 개수를 세어서 팔아야 하는데요. 부모님께서 하나하나 세어서 한 접씩 망에 넣으라고 했을 때 말입니다. 일일이 한 개씩 세다 보면요. 시간이 오래 걸리기 마련입니다. 한꺼번에 두 개 또는 다섯 개씩 묶어서 세게 되면 훨씬 쉽고 시간도 덜 들지요. 다른 일도 이렇게 머리를 쓰면 좀 더 쉬운 방법이 생기는데요. 그런 데도 불구하고 시킨 대로 잣대를 대듯이 일일이 손으로 재어가며 감자를 심거나 감을 한 개씩 센다면 융통성이 없는 사람이지요.

위와 같이 요령이 없는 사람을 '꼭 죄놓은 사람'이라고 하는데요. 직장이나 사회생활에서도 그런 사람을 볼 수 있는데요. 시키는 일만 하고 스스로 알아서 하지 못하거나 창의성을 발휘할 줄 모르는 사람 말입니다. 남의 집 점원으로 일한다고 할 때, 좀 한가할 때는 가게의 창문을 닦는다든가 물품 정리를 하는 등 주인이 시키지 않아도 눈치껏 다른 일을 할 수도 있지요. 그런데도 우두커니 앉아만 있다면, 그런 사람도 '꼭 죄놓은 사람' 축에 속합니다. 이런 사람들은 그저 시킨 일만 기계적으로 할 뿐, 머리를 쓸 줄 모릅니다. 참으로 답답한 노릇이지요. 그렇게 시키는 대로만 하고 융통성이 없는 사람을 보면 주위에서 쑤군거리는데요.

"저 녀석은 꼭 죄났사. 진생이야, 진생이 말이야."

앞에서 언급한 진생이란 말은 '머저리' '숙맥'이란 말입니다. '꼭 죄놓은 사람'은 발전이 없고요. 직장이나 사회에서 대우받기 힘듭니다. '꼭 죄놓다'라는 말은 '꼭 쥐어 놨다'는 말인데요. 이 말이 어떻게 해서 생겨났는지를 생각해 봤는데요. 행주나 걸레에서 나온 말 같습니다. 행주로 설거지하거나 걸레로 방을 닦은 다음에는 깨끗이 빨아 꼭 짜서 두는데요. 그러면 뭉쳐진 모습 그대로 마르지요. 이처럼 놔둔 그대로 있다고 해서 그런 말이 생겨난 것 같습니다. 우리들은 어디를 가든, 어떤 직장에 있든 간에 '꼭 죄놓은 사람'이 되어서는 안 되겠지요. 다들 꼭 필요한 사람이 되시길 바랍니다.

7. 얼분을 떨다

 예전, 유난히 잘난 체를 하고 남을 깔보는 친구가 있었는데요. 같은 또래이면서도 친구들 앞에서 일장 훈시를 하고요. 한 수 가르치려고 하였지요. 분수에 맞지 않게 철학적인 내용을 섞어 말하기도 하고요. 『명심보감』이나 『논어』의 구절을 인용해 유식한 척하였습니다. 어른 중에도 거만하게 자기과시를 하는 사람이 있는데요. 은근히 지역의 유력인사들과의 친분을 과시하며 자기 자랑을 하는 사람 말입니다. 가까운 사이도 아니면서, 또 조금 알고 있는 정도인데도 아주 잘 아는 듯이 말하지요.

 마을 사람들 앞에서 국회의원이나 시장·군수, 면장님 같은 분들과 친분이 두터운 듯이 말하면서 거드름을 피웁니다. 묻지 않았는데도 "어제 A 시장과 술을 한 잔 했다." "B 국회의원과는 언제든지 전화하는 사이다." "C 면장은 내 말이면 다 들어준다."라는 따위의 허풍을 떨며 자랑을 늘어놓습니다. 이러한 행동은, 자신이 주위의 사람들보다 한 수

위라는 우월감에서 나오고요. 남을 얕잡아보는 마음에서 나오는 행동입니다.

그런데 말입니다. 평소 그의 인격이나 품행이 모범적이라면 얼마나 좋겠습니까? 그렇지도 않으면서 으스대거나 거드름을 피워대니 꼴불견입니다. 문제는 자신의 그러한 거만한 행동이 남들에게 어떻게 비치는지를 모른다는 점입니다. 스스로는 아주 유식하고 똑똑하다고 여기지만 말입니다. 남들은 그렇게 보지 않고, 말만 번드레한 사람, 거만한 사람, 시건방진 사람으로 여깁니다. 사람들은 이런 사람을 보면 피하려고 합니다. 듣고 싶지도 않은 이야기를 듣는 것도 고역이지만요. 얘기를 다 들어도 어딘가 모르게 기분이 언짢기도 합니다. 돌아서 비웃고 손가락질하며 흉을 봅니다. 위와 같이, 자기 주제도 모르고 거드름을 피우거나 유식(똑똑)한 체하는 행동을 '얼분(을분)을 떤다.' 또는 '얼분(을분)을 깔린다'고 합니다. 그런 사람을 '얼분쟁이(을분쟁이)'라고 하고요. 어느 자리에서 얼분쟁이가 얼분을 떨고 떠나면요. 다른 사람들은 다음과 같이 말합니다.

"지가 뭘 안다고 우리 앞에서 얼분을 깔리나 말이야. 개 코도 아닌 기(것이) 얼분을 떨어대는데, 눈꼴이 시과(시어) 못 봐 주겠더군."

위와 같이 '얼분(을)떨다' '얼분쟁이'라는 말은 동해·삼척지방에서 쓰는 독특한 말인데요. 아시다시피, 스스로 잘난 체하거나 거만한 사람 주변엔 사람이 붙지 않습니다. 그러나 낮춰서 살면 주위에 우군과 친구가 많습니다. 벼는 익을수록 고개를 숙인다는 속담이 있는데요. 얼분을 떨지 말고 겸손한 자세로 살아봅시다.

8. 무논과 물개단

 무논? 물개단? 농촌 출신 어르신분들은 이시겠지만요. 도시 출신이나 요즘 젊은이들은 모를 것 같습니다. 무논은 물이 괴어 있는 논을 말합니다. 물개단은 '고래실논, 즉 물이 있는 논에서 베낸 벼를 묶은 볏단'을 말하지요. 가을철 벼 베기를 할 때 물이 고여있는 논에서 베어 묶은 볏단 말입니다. 이 말은 삼척지방에서만 쓰는 방언입니다.

 지금은 벼를 수확하려면 콤바인이란 기계가 있어서요. 이리저리 다니면서 벼를 베어서 바로 털지만요. 예전에는 일일이 낫으로 벴습니다. 마른 논의 벼는 베어서 바로 논바닥에 깔아서 말렸는데요. 물이 실려 있는 논의 벼는 그냥 바닥에 깔아 말릴 수가 없었습니다. 그래서 물개단은 다른 곳으로 옮겨 말려야 했습니다.

 옛날 무논에 벼를 베려면 말입니다. 먼저, 낫을 숫돌에 갈아 잘 들도록 해놓고요. 다음, 산에 가서 생소깝[1]을 찍어왔습니다. 벼를 벨 때 그걸 물이 있는 논바닥에 깔고요. 그 위에 벤 벼를 얹었지요. 그 이유는, 벤 벼가 논바닥의 물이나 흙탕에 직접 닿지 않도록 하기 위해서였지요. 이런 준비가 끝나면요. 벼를 묶을 매끼를 만들지요. 매끼는 대개 한 줌 정도의 벼를 베어 사용합니다. 이삭 아랫부분을 틀어서 두 갈래로 나누어 벌리면 손쉽게 매끼가 되었습니다.

매끼 위에 벤 벼를 올려놓을 때도 요령이 필요한데요. 그냥 그대로 차곡차곡 쌓는 것이 아니고요. 벤 벼의 뭉치를 좌로 한 번, 우로 한 번, 교차해서 올려놓습니다. 그렇게 엇갈리게 올려놓는 이유는요. 나중에 볏단을 풀어헤칠 때 쉽게 분리되도록 하기 위해서지요. 벤 벼가 한 아름 정도 분량이 되면 매끼로 단단히 동여매지요. 이게 물개단인데요. 생각보다 훨씬 무겁습니다. 한 단에 8~10kg 정도 될 겁니다. 물이 출출 흐르는 물개단은 모두 논둑으로 옮겨 놓는데요. 그렇게 하면 물기가 약간 빠지면서 조금은 가벼워지기 때문이지요.

---

[1] 생소나무 가지

그다음은요. 함석을 받친 지게로 가까운 산이나 언덕으로 져 올리는데요. 산으로 옮겨온 물개단은 매끼를 풀어 얇게 폅니다. 닷새쯤 지나 한번 뒤집고요. 열흘쯤 지나면 거의 마르는데요. 그걸 다시 걷어 큰 단으로 묶어 가려놓고요. 여러 날 동안 지게로 져서 집으로 날라 오지요. 옮겨 온 마른 볏단은 볏가리에 쟁여두었다가요. 날을 받아 타작했습니다. 이렇게 무논의 벼는 마른 논의 벼보다 말리는 공정과 품이 더 많이 들었습니다.

위와 같이 장황하게 설명해도요. 경험이 없는 분들은 무슨 말인지 모를 것 같습니다. 옛말에 벼농사는 농부 손이 여든여덟 번 간다는 말이 있습니다. 또, 쌀 한톨을 만들자면 일곱 근의 땀이 필요하다는 일미칠근(一米七斤)이라는 말도 있습니다. 우리 앞 세대 어른들은 이른 봄, 논갈이부터 가래질, 못자리, 모내기, 김매기, 병충해 방제, 피뽑기 등에 피땀을 흘렸습니다. 가을철 벼를 베어서 말리고 지게로 날라 오는데 허리와 등이 휘었고요. 무릎과 어깨가 아팠습니다. 평생 일 구덩이에서 사시고도 이밥은커녕 깡조밥, 보리밥도 실컷 잡수시지 못한 부모님 세대분들이 불쌍합니다. 이제 무논이나 물개단이란 말도 우리 곁을 떠나갔습니다.

9. 반물래기와 떨어진 땡감

 동해안 지방은 해양성기후여서 감나무가 잘 자랍니다. 온난한 기후 때문에 동삼에도 얼어 죽지 않고 감이 잘됩니다. 북쪽으론 원산이나 함흥지역도 감이 되고요. 그 북쪽으론 안 된다고 합니다. 그런데요. 대관령을 비롯한 영서지방은 감나무가 안 됩니다. 겨울철 날씨가 춥기 때문이지요.

 그런데 여러분! '반물래기'라는 말을 아시나요? 반물래기는요. 완전히 무르지 않고 반(半) 정도 무른 감을 말합니다. 홍시가 아닌, 반 정도 익은 반 홍시 말이지요. '반물래기'는 늦여름에서부터 이른 가을에 볼 수 있습니다. 빨갛게 익을 시기가 아니어서 모두 새파란 땡감인데 한두 개가 누런색을 띠고 있습니다. 그게 반물래기입니다.

 반물래기가 생기는 원리를 생각해 봤습니다. 모든 과일이 다 그렇습니다만, 성장기에 영양과 수분 조달이 원활치

못하면 생깁니다. 일종의 미숙과인데요. 크는 중에 빠지거나 달린 채 물러집니다. 또, 까마귀나 까치 같은 날짐승이 열매를 쪼아도 상처 난 부위부터 서서히 물러집니다. 이 외에도, 바람에 감낭구[1] 아지[2]가 흔들려 감에 씨닥거리면[3] 생깁니다. 그러면 감 표면에 상처가 생기고요. 서서히 물러지지요. 날짐승은 용케도 그런 감을 알고 쪼아댑니다.

아이들은 반물래기를 찾아다녔습니다. 반 무른 감을 발견하면 횡재다 싶었지요. 긴 감짱대[4]를 들고 달려갔습니다. 반물래기가 달린 아지에 두 갈래로 난 장대 끝의 집게에 끼워 비틉니다. 그러면 아지 째로 딱 뿔때지는[5]데요. 짱대를 내려서 반물래기를 따냅니다. 겉을 쓱쓱 닦고요. 반으로 또개서[6] 입에 넣습니다. 껍주리[7]는 두껍고 떫어서 버리고요. 속살만 먹습니다. 반물래기는 덜 물렀기에 조금 뚧은[8] 맛이 나는 것이 있고요. 그렇지 않은 것도 있습니다. 대개 뚧기는[9] 해도 그런대로 먹을 만합니다. 되우 틀븐[10] 감은 땅바닥에 냅다 꼰지면[11] 됩니다.

---

1) 감나무 2) 가지 3) 쓸리면 4) 전짓대 5) 부러지는 6) 쪼개서 7) 껍질
8) 떫은 9) 떫기는 10) 떫은 11) 내던지면

모든 감이 익어가는 제철에는 반물래기가 더 많이 생깁니다. 주렁주렁 매달린 감들이 다들 누런 색깔을 띠어가는데, 유독 더 짙은 감이 보입니다. 진홍색을 띠는 감 말이지요. 용케도 아이들은 그런 감을 알아봅니다. 자세히 살펴보면요. 감꼭지 부위에 시꺼먼 구멍이 나 있는 감이 있고요. 어딘가 상처가 나 있는 감도 있습니다. 까치가 쪼았든, 가지에 긁혔든 간에 자국이 보입니다. 먹을 것이 귀하던 시절이라 반물래기를 발견하면 기분이 매우 좋았습니다.

　다음은 조금 다른 이야긴데요. 예전, 채 여물지 않고 땅에 떨어진 감도 먹었습니다. 떨어져서 저절로 무른 것을 주워서 또개어[12] 먹었는데요. 오래되어 곰팡이가 핀 것은 쿤내[13]가 나서 먹지 않고요. 신선한 것만 골라서 먹었습니다. 여름철 땅에 떨어진 시퍼렇고 딱딱한 감도 주워서 왔고요. 삭혀 먹었는데요. 깨끗이 씻은 다음 꿀단지에 넣고요. 물을 부어 양지쪽에 두면요. 며칠 지나면 삭았습니다. 떫은맛은 가시고 약간 들쩍지근했는데요. 먹을만했습니다. 그런데 요즘은 땅에 떨어진 홍시도 본척만척합니다. 아니, 감나무에 주렁주렁 매달린 감도 그냥 두기도 합니다.

---

12) 쪼개어　13) 구린 내

하지만, 예전엔 떨어진 땡감도, 반물래기도 훌륭한 간식거리였습니다. 예전엔 별 별것을 다 먹었습니다.

위에서 든 이야기는 떨어진 땡감이야기었고요. 다시 반물래기 이야기로 돌아가 봅니다. 반물래기는 자연식품입니다. 농약을 쳤습니까? 뭐를 쳤습니까? 볼품은 없어도요. 먹는 데는 하등 문제가 안 되었습니다. 반물래기는 순수한 우리말입니다. 반 무른 모습에서 유래된 의태어입니다. 반물래기에 해당하는 표준말이 있는지가 궁금합니다. 반물래기라는 어휘가 방언사전에 등재되기를 기대합니다.

10. 물쿵뎅이, 그리고 질구다와 말구다

　물이 괴어 있는 '웅덩이'를 표준말로 하면 '물웅덩이' 또는 '물구덩이'라고 합니다. 발음은 각기 '무룽덩이' '물꾸덩이'라고 합니다. 그런데 말입니다. 삼척 사람들은 '물쿵뎅이'라고 말합니다. '웅'자를 '쿵'자로 발음하고 '덩이'를 '뎅이'라고 발음합니다. 물쿵뎅이! 어감이 좀 이상한 것 같고요. 좀 우습기도 합니다. 인근의 동해나 강릉, 정선 사람들도 물쿵뎅이라는 말을 씁니다. 구렁이 진 곳, 오랫동안 고여 있는 지저분한 물쿵뎅이에는 모기의 유충인 곤두벌거지[1]가 많습니다.

　다음은 금방 생긴 물쿵뎅이 이야깁니다. 여름철, 갑자기 시커먼 먹구름이 몰려와서는요. 10분 또는 20~30분 정도 세차게 내립니다. 갑작스러운 소나기에 번개, 벼락까지 치면서 쿵쾅거리는데요. 조금 지나면 언제 그랬느냐는

---

[1] 장구벌레

듯이 햇볕이 쨍쨍합니다. 짧은 시간이지만, 마당과 고샅에는 군데군데 물이 고였습니다. 그런 곳을 '물쿵뎅이'라고 합니다. 비가 그친 뒤 어디서 날아왔는지 잠자리가 연신 물쿵뎅이에 꼬리를 넣었다 뺐다 합니다. 알을 슬기 위한 동작인데요. 하지만, 번지를 잘못 찾은 것입니다. 그런 물쿵뎅이는 얼마 지나지 않으면 물이 잦아들어 알 자체가 부화할 수 없습니다. 안타깝습니다만, 인간으로선 어떻게 할 수가 없습니다.

금방 고샅에 고인 '물쿵뎅이'를 살펴보니 여러 가지 생물들이 보입니다. 지금은 보기 힘든 쇠똥구리 새끼들이 헤엄치고 있고요. 방개도 보입니다. 물 위에는 엿장사라고도 하는 소금쟁이 무리가 날렵하게 휘달립니다. '물쿵뎅이'는 아이들이 좋아합니다. 아이들은 맨발로 철벙거리며 놉니다. 그러다 보면 자연스레 옷이 젖게 마련입니다. 이렇게 옷을 젖혀 들이는 것을 삼척말로 '질궈들인다'고 하고 '말궈들인다'고도 합니다. '질궈들이다'는 '적셔 들이다'라는 말이고요. '말궈들이다'는 '못 쓰게 해 들이다' '망쳐 들이다'라는 말입니다. 이 두 방언의 원형은 '질구다'와 '말구다'입니다. 쓰임새를 보겠습니다.

"손자 녀석이 물쿵뎅이에서 놀다가 옷을 질궈들였잖소."
"물쿵뎅이에서 놀다가 입은 옷을 다 말궜으니 속이 상해 죽겠소야."

위의 '물쿵뎅이' '질구다' '말구다'라는 말은 지금도 쓰는 말입니다. 강원도 동해안 지방에 널리 통용이 되는 말입니다.

11. '달다'는 무슨 말이고 '소잡다'는 무슨 말인가?

'달다'라는 말은 누구나 아는 말입니다. 저울에 무게를 잴 때 '달다'라고 하고 엿이나 설탕, 꿀 같이 단(甘)것을 먹을 때 느끼는 맛을 '달다'라고 하지요. 또, 쇠붙이 같은 것이 뜨거워지는 것도 '달다'입니다. 그런데 제가 말씀드릴 달다는 이와는 다른 의미의 달다입니다. 그러한 사례를 들어봅니다.

"고추를 심었는데 너무 달게 심었구나."
"들깨는 포기 사이가 넓어야 열매가 잘 달리는데, 너무 달게 심었구나."
"당근 씨를 부렸는데 너무 달다야. 좀 솎아내야겠다."

위의 설명을 들으니 이해되시지요? '달다'라는 말은 '배다' 또는 '비좁다' '촘촘하다'라는 뜻입니다. 그런데, 이 '달다'라는 말은 배고 촘촘한 모든 경우에 쓰지 않습니다. 농작물이나 과일나무 등이 배게 심어졌을 때만 씁니다.

곡식은 물론 고추, 가지, 상추 같은 채소가 좁게 심어졌을 때, 달게 심어졌다고 하고요. 과일나무를 빽빽하게 심었을 때도 달게 심었다고 합니다. 아시다시피, 농작물이든 과수든 적당한 간격으로 띄워 심어야지, 욕심을 내어 너무 달게 심으면 안 됩니다. 달게 심어놓으면 우선 햇빛을 제대로 받을 수가 없고요. 통풍도 덜 됩니다. 또, 한정된 공간에서 조밀하게 자라기 때문에 연약하거나 웃자라기 쉽고요. 병충해에 걸리기도 쉽습니다. 당연히 결실도 좋지 않습니다. 땅이 아깝다고 생각하지 마시고 넓게 넓게 심어야 합니다.

다음은 '소잡다'라는 말인데요. 얼핏 들으면 '소(牛)를 잡다'라는 말로 들립니다. 그런 뜻이라면 제가 왜 언급하겠습니까? 아시는 분들은 이미 '비좁다' 또는 '솔다'라는 의미인 것을 아실 텐데요. 실제 쓰이는 예를 들어보겠습니다.

"좁은 방에 여러 사람이니 소잡아서 궁딩이[1]도 못 돌려대겠다야."
"이렇게 소잡은 방구석에 우타[2] 일곱 명이 잘 수 있겠나?"

위에서 말한 '소잡아서'는 '비좁아서' '공간이 좁아서'라는 말이고요. '소잡은 방'은 '좁은 방'이란 것은 다 아실 겁

---
1) 궁둥이 2) 어떻게

니다. 반세기 전만 하더라도 우리는 온 식구가 소잡은 방에서 소잡게 자는 경우가 많았습니다. 이불이 충분치 않아 이불 한 채에 여러 식구가 덮기도 했습니다. '소잡다'는 말은 공간이 좁다는 뜻의 '솔다'에서 나온 말로 여겨집니다.

다음은 1968년도 겨울에 제가 겪은 일입니다. 친구 셋이 친구의 왕고모가 사는 산골 마을에 놀러 갔었는데요. 밤이 되어도 이불을 주지 않았습니다. 대신, 부들자리를 주었는데요. 어렵게 살다 보니 손님이 와도 손님에게 내어 줄 여분의 이불이 없었던 것이지요. 물론, 요도 주지 않고 부들자리만 주었는데요. 방에 불을 많이 때어 방바닥은 절절 끓었지만요. 잠을 잘 수가 없었습니다. 부들자리가 이불처럼 몸에 착 덮여야 하는데요. 그렇지 못해 찬 바람이 술술 들어왔기 때문이지요.

겪어보지 않은 사람들로선 상상이 안 가는 이야기지만요. 예전 그렇게 어려운 가정이 있었습니다. 하지만, 지금은 이불이 넘쳐나는 세상이 되었습니다. 두꺼운 솜이불이 아니어도 너무나 따뜻합니다. 모든 분야에 세상이 참 많이 발전했습니다. 이렇게 살기 좋아진 나라를 싫어하는 일은 절대 없어야 하겠습니다. 그런 사람이 있다면 스스로 북으로 가시기 바랍니다.

12. 도삽과 도삽질

 삼척지방 말에 '도삽'이란 말이 있습니다. 표준말의 장난과 같은 말인데요. 아이들이 재미로 하는 짓을 말하고요. 심심풀이 삼아 하는 장난도 도삽이라고 하지요. 도삽은 소꿉놀이, 소꿉장난의 의미로도 쓰입니다. 또, 도삽질, '도삽질(을)하다'라는 말도 있는데요. 이 말도 장난질, 장난질(을)하다 라는 말입니다. 또한, 소꿉질, 소꿉질하다 라는 의미로도 쓰이고요. 때론 노름질, 노름질(을)하다 라는 뜻으로도 쓰입니다. 사용되는 예를 들어보겠습니다.

① "저 느마[1]는 아이 때 도삽이 심하더니, 철이 들더니 점잖아졌잖소."
② "우리 어릴 때는 병따개와 사금파리를 가지고 도삽질을 하며 놀았잖소."
③ "저 아저씨, 도삽질이 심하더니 질래[2] 그 많던 재산을 다 날려버렸잖소."

---

1) 녀석 또는 놈 2) 끝내, 이윽고, '오래'라는 뜻도 있다.

①의 도삽은 장난, ②의 도삽질은 소꿉장난, ③의 도삽질은 노름질을 의미합니다. 노름질은 손장난이라고도 하고요. 손도삽, 손도삽질이라고도 하지요. 양양 쪽에선 도삽쟁이라는 말도 있다는데요. 어떤 것을 궁리하여 잘 만들거나 만들기를 좋아하는 사람을 그렇게 말한다고 합니다. 도삽과 관련해선, 불도삽이란 말도 있습니다. 불을 가지고 노는 장난, 즉 불장난을 말하는데요. 농경사회 어린이들은 어릴 때 불장난을 많이 하고 놀았습니다. 아이들은 겨울철 어른들 몰래 논둑이나 밭둑에 불을 붙였습니다.

바싹 마른 잔디는 누런 연기를 내며 잘도 탔지요. 또, 어머니께서 밥을 하거나 소여물을 끓일 때도요. 아궁이 앞에서 부지깽이로 이리저리 불을 뒤적이며 장난했지요. 불장난은 이것만이 아니었습니다. 화로에 담긴 불도 도삽의 대상이었는데요. 쓸데없이 화롯불을 헤치거나 돋우는 장난을 했습니다. 화로에 감자나 고구마를 구워 먹다가 불이 사그라들어 어른들로부터 꾸중을 듣기도 했지요.

심심풀이로 성냥 알을 그어 없애거나 등잔불, 촛불을 가지고도 도삽을 했습니다. 멀쩡히 타고 있는 등잔불의 심지를 긁어내거나 돋우었고요. 촛불의 심지를 자르거나 촛

농을 가지고도 장난을 쳤지요. 정월대보름이 되면 깡통에 헌 고무신짝이나 소깽이[3]를 넣어 돌렸고요. 심지어 남의 집 짚단을 훔쳐다 불을 해놓기도 했습니다. 이게 다 불도삽에 해당하는데요. 옛날 아이들은 이런 짓궂은 장난을 하며 컸지요. 그 시절 어른들은 다음과 같이 말했습니다.

"야들아! 불도삽을 하면 밤에 오줌싼데이."
"야들아! 도삽이 심하면 밤에 오줌 싼단다."

아이들이 밤중에 자기도 모르게 오줌을 싸는 경우가 있습니다. 낮에 장난이 심해 피곤하면 더욱 그렇습니다. 수치입니다. 어른들은 그런 수모를 겪지 않으려면 불을 가지고 놀거나, 심한 장난을 하지 말라고 그랬습니다. 이 글을 읽는 분 중에도 위와 같은 말을 들은 분이 있으실 겁니다. 오줌을 싼 때문에 키를 머리에 쓰고 이웃에 소금을 꾸러 간 분 말입니다. 위에서 든 도삽, 도삽질, 불도삽이란 말은 지금도 사용하는 말입니다.

---

3) 관솔, 광솔이라고 한다.

13. 무꾸때리미

　1950년대나 1960년대, 가을 추수가 끝난 동지섣달이 되면요. 농촌에선 계(契)를 많이 갈았지요. 계 모임을 많이 했다, 이 말입니다. 계를 갈자면 미리 막걸리를 담가야 했지요. 그 시절은 입쌀이 귀한 시절이라 쌀 술은 못 담그고요. 보리밥에 누룩을 섞어 막걸리를 담갔지요. 일주일 정도 지나면 술이 익었는데요. 계갈이[1] 날이 되면요. 체로 술을 걸렀고요, 안주도 마련했지요. 거꾸로 놓은 소두뱅이[2]에 기름칠해서 밀가루 적(炙)을 지졌고요. 무꾸때리미라는 음식을 만들었지요.

　무꾸때리미는요. 평소에도 해 먹는 음식인데요. 재료는 무와 양미리, 또는 명태나 노가리였지요. 무꾸때리미는 다음과 같이 끓입니다. 계꾼 여러 사람이 먹어야 하니 큰 솥 가득히 물을 붓고요. 거기다가 막장을 풀잖소. 그다음

---

1) 계모임 2) 솥뚜껑

듬성듬성 썬 무를 넣고요. 꾸둑꾸둑 말린 어물을 토막 내 듬뿍 넣지요. 그러곤 무와 어물이 흐물흐물해 질 정도로 푹 끓입니다. 이게 무꾸때림, 무꾸때리미입니다.

 소고기나 돼지고기가 더 좋은 안주겠지만요. 그시절 그런 비싼 고기를 산다는 것은 엄두도 못 낼 일이었지요. 그런 고기들은 잔치나 시제, 명절 때만 조금 맛볼 수 있을 뿐이었고요. 평소에는 먹어볼 수 없는 음식이었지요. 농촌 사람들은 '꿩 대신에 닭'이라고 주변에서 나는 재료로 음식을 만들었는데요. 다행인 것은요. 겨울철이 되면 양미리나 노가리, 명태가 많이 났습니다. 돼지고기, 쇠고기보다 헐하니 그것들로 안주를 만들었던 것입니다. 농촌 사람들은 위험을 무릅쓰고 바다에 나가 생선을 잡아 온 어부들 덕분에요. 제철 생선을 사 먹을 수 있었고요. 영양 실조에서 다소나마 벗어날 수 있었습니다.

 계꾼들은 11시경부터 모여들기 시작합니다. 걸쭉한 보리막걸리 한 사발을 마십니다. 보리술은 쌀로 만든 술처럼 맑지 않고요. 좀 칙칙한 색깔인데요. 그래도 술술 잘 넘어갑니다. 술 한 잔 마신 다음엔 요. 무꾸때리미를 떠먹습니다. 막장의 구수함에다 푹 무른 무와 양미리가 삼박자를 이루어 구수합니다. 푹 물러진 양미리는 굳이 뼈를 발릴 필요가 없고요. 암놈은 알이 씹혀서 좋고요. 수놈은 수놈대로 내장의 쫄깃한 식감이 좋습니다. 권(勸)커니 작(酌)커니, 하다 보면요. 어느덧 해가 서산에 걸립니다.

  그때가 되면요. 안방 저쪽에선 콩가루가 들어간 밀가루 반죽을 치대고요. 홍두깨로 밉니다. 그 구수한 콩칼국수를 먹고 나서야 헤어졌지요. 우리들의 선대 분들은 겨울 농한기를 이렇게 계갈이를 하며 이웃 간의 정을 나누었습니다. 겨울철 계절 음식이자 앞 세대 어른들의 소박한 음식인 '무꾸때리미'는요. '무를 푹 끓였다.' 즉, '달였다'는 데서 나온 말입니다. 표준말로 하면 '무+달임'인데요. 무의 방언인 '무꾸'에다 '달임'이 '댈임→대림→때림'→'때리미'로 변형되며 된소리화된 것이지요. 이 말은 삼척·동해지방에서만 쓰는 말입니다. 무와 생선이 들어간 비슷한 음식으로 양양·속초 쪽에는 '무왁지' '왁찌게'라는 음식이 있습니다. 동해안의 겨울철 고기인 명태가 안 난 지 오래고요. 최근에는 도루묵이나 양미리도 덜 잡힌다니 걱정입니다.

14. 건추, 건추국

건추? 강원도 산중 사람이라면 이 어휘에 대한 추억이 많을 것입니다. '건추'는 '시래기' 또는 '말린 무청'을 의미하는 강원도 영동지방 방언입니다. 일상적으로 쓰는 어휘인데요. 여태 『표준국어대사전』에 등재되어 있지 않습니다. 먼저 관련 어휘에 대한 사전의 뜻풀이를 보겠습니다.

 시래기 : 무청이나 배추의 잎을 말린 것. 새끼 따위로 엮어
 말려서 보관하다가 볶거나 국을 끓이는 데 쓴다.

 무청 : 무의 잎과 줄기.

'건추'는 '건초(乾草)'라는 한자에서 유래된 말입니다. 아시다시피, '건초'는 '베어서 말린 풀'을 의미합니다. 시래기도 무 잎을 말린 것이니까 건초의 일종입니다. '건추'의 '추'는 배추나 상추, 월동추[1] 등의 '추'를 따와 '건추'라고

---

[1] 유채

하는 것 같습니다. 어떻든, 건추도 말려진 푸성귀임은 분명합니다. 건추는 김장하고 난 다음 남은 무청으로 만듭니다. 짚으로 엮어서 통풍이 잘되는 그늘에 매달아 두면 서서히 마릅니다. 잘 마른 건추는 녹색 그대로인데요. 그렇지 못한 것은 약간 누런 색깔을 띱니다.

지금 사람들은 사시사철 싱싱한 채소를 접할 수 있지만요. 반세기 전만 하더라도 동삼에는 싱싱한 푸성귀 구경을 할 수가 없었습니다. 비닐하우스 농업이 발전되지 않아서였습니다. 그 시절 건추는 겨우내 먹었습니다. 주로 반찬으로 쓰였지만, 양식 대용으로도 쓰였습니다. 말려둔 건추는 그대로 먹을 수가 없습니다. 일단 삶아야 합니다. 가마에 물을 붓고 설설 끓인 다음 거기에 건추를 넣습니다. 부서지지 않게 조심해 넣어야 하고요. 삶는 과정에 곰배로 몇 번 뒤적여야 하는데요. 건추가 고루 잘 데쳐지게 하려고 그랬지요. 그럴 땐 건추 특유의 냄새가 났습니다. 데친 건추는 다시 찬물에 우렸습니다. 텁텁한 맛을 없애기 위해서입니다.

장에 내다 팔려면 건져서 '죄기'를 만듭니다. 여기서 '죄기'라는 말은 삶은 나물을 세는 단위인데요. '한 죄기' '두

죄기' 등으로 말합니다. 두 손으로 꼭 짜서 뭉치는데요. '한 죄기'는 어른 주먹 정도의 크기입니다. 사람에 따라 '한 죽' '두 죽' 등 '죽'이라고 하기도 합니다. '죽'이라는 어휘는 표준말에도 있습니다만, 나물을 세는 단위로 사용한다는 설명은 없습니다. 그러나 강원도에선 나물 뭉치를 세는 단위로도 쓰입니다. 강원도에서 쓰는 '죽'이나 '죄기'는 사전의 뜻풀이처럼 그릇이나 옷의 열(十) 개씩을 의미하는 '죽'과는 다른 의미입니다. 물론 그릇을 셀 때는 죽이란 말을 씁니다.

건추를 이용한 요리에는 여러 가지가 있습니다. 가장 쉬운 방법이 국을 끓여 먹는 방식입니다. 솥에 막장을 푼 다음 건추와 굵은 멸치를 넣고 끓이면 됩니다. 간단한 재료지만 아주 구수하고 시원합니다. 콩가루를 함께 넣고 끓이는 방식도 있고요. 국죽을 끓일 때 넣기도 합니다. 다음의 방식은 무쳐서 먹는 방식인데요. 데친 건추를 적당한 크기로 썰어 막장에 무쳐 먹고요. 들기름을 넣고 볶아 먹기도 합니다. 또 다른 방식은, 생선을 찔 때 냄비 바닥에 까는 방식이 있습니다. 고등어나 꽁치 같은 생선을 지져서 먹을 때 냄비 바닥에 건추를 깝니다. 곤드레나물을 깔아도 좋고요. 취나물을 깔아도 좋습니다. 지져진 건추 맛이기가 막힙니다. 건추 고유의 쌉싸름한 맛에다 생선의 간이 배어 그렇습니다. 때론 생선보다 건추에 젓가락이 먼저 가고 여러 번 가기도 합니다. 송강 정철의 '쓴 나물 데온 물이 고기도곤 맛이 이세'라는 시조의 구절이 이를 두고 말하는 것 같습니다.

 또 다른 이야깁니다. 요즘 재래시장에 가면요. 할머니들이 좌판에다 삶은 건추를 파는 것을 볼 수 있습니다. 오늘은 건추 몇 죄기 사다가 건추국을 끓여보시는 것이 어떨까요? 할머니들이 파는 건추는 비싸지도 않습니다. 내 동네 이웃 어른이라고 생각하시고요. 달라는 대로 주십시오. 일이천 원 깎아 뭘 하시겠습니까? 그렇게 하면 돌아오는 발걸음이 한결 가벼울 겁니다. 이참에 하나 더 말씀드릴 것은요. 재래시장 난전이나 거리에서 파는 농산물, 너무 야박하게 깎으려고 하지 말았으면 좋겠습니다. 군말 없이 달라는 대로 주시고 사셨으면 합니다. 그들도 우리의 이웃입니다. 추우나 더우나 사시사철 그렇게 힘들게 삽니다. 4~5천 원씩 하는 커피를 스스럼없이 사드시면서 그보다 값싼 농산물은 왜 자꾸 깎으려고 하십니까?

2부 \ 조상 대대로 써온 삼척말

1. 두가지 의미로 쓰이는 뿌꾸지

 정선아라리는 정선을 비롯한 삼척, 평창, 영월 등지의 백성들이 불렀던 민요인데요. 대표적인 가사가 "눈이 올라나, 비가 올라나, 억수장마 질라나. 만수산 검은 구름이 막 모여온다."라는 가사인데요. 각자의 처지나 사연, 시대적 상황을 노래로 읊었지요. 또, 즉흥적으로 주고받으면서 부르기도 했는데요. 그래서 가사의 내용이 다양하고요. 가사의 수도 아주 많습니다. 그런 가사들이 정선을 비롯한 삼척, 태백, 평창, 정선, 영월, 강릉 등지의 향토지에 많이 수록되어 있습니다. 그 가사 중에는 다음과 같은 구절도 있습니다.

 "앞산의 뿌꾸지는 초성도 좋다. 세 살 때 듣던 소리, 변치도 않았네."

 '봄마다 찾아오는 뻐꾸기가 나이를 먹어도 어릴 때 목소리처럼 계속 좋다'는 말인데요. 위의 가사 중 '뿌꾸지'는

'뻐꾸기'의 방언이고요. '초성이 좋다'는 말은 목소리가 좋다는 말입니다. 들녘에 푸른 기운이 돌고 개구리가 알을 낳는 이른 봄이 되면요. 앞산 기슭에서 비둘기가 구구대기 시작하고요. 조금 지나 산천이 연둣빛으로 물들 무렵이면요. "뻐꾹! 뻐꾹!" 뻐꾸기 소리도 들리지요. 산촌의 적막을 깨고 들려오는 뻐꾸기 소리는 정겹게 들리는데요. 듣는 사람에 따라 한가하게 들리기도 하고요. 처량하게도 들리며, 구슬프게도 들리지요. 가만히 들어보면 "뽀꾹! 뽀꾹!"으로 들리고 "뽀꾸! 뽀꾸!"로도 들리는데요. 우리 지역 옛사람들은 그 소리에서 이름을 따와 '뽀꾸기' 또는 '뽀꾸지'라고도 하였습니다.

 서양 사람들이 뻐꾸기의 소리를 어떻게 표현하는지는 제가 잘 모르겠습니다. 대신 다른 동물들의 소리를 어떻게 표현하는지 잠시 살펴보겠습니다. 우리는 비둘기를 '구구'한다고 하지만요. 서양 사람들은 '쿠쿠(cuckoo)'한다고 합니다. 그들에겐 '쿡쿠'라고 들리는 모양입니다. 개가 짖는 소리도 우리는 '멍멍'이라고 하지만요. 서양 사람들은 '바우와우(bowwow)'라고 하고요. 수탉이 우는 소리인 '꼬끼오'는 '코커두둘두(cock-a-doodle-doo)'라고 합니다. 이처럼 귀로 들리는 소리는 듣는 사람이나 인종에 따라 달리 들릴 수가 있습니다. 자세히 음미해 보면 서양 사람들이 사용하는 소리도 들립니다.

다음은 다른 의미의 '뿌꾸지' 이야깁니다. 뿌꾸지는 모래땅에 집을 짓고 사는 곤충인데요. 깔때기 또는 삿갓을 거꾸로 놓은 것 같은 모양의 집(함정)을 짓고 삽니다. 몸은 잿빛 갈색이고요. 머리에 둥근 낫 모양의 날카로운 집게가 있습니다. 개미가 그곳에 빠지면요. 헤어 나오려고 안간힘을 쓰는데요. 하지만, 모래가 자꾸 무너져 빠져나오기가 힘듭니다. 함정에 빠져 허둥대던 개미는요. 결국 뿌꾸지의 밥이 되고 마는데요. 모래 속에 숨어 있던 뿌꾸지가 나타나 모래 속으로 끌고 들어가기 때문이지요.

그런데, 뿌꾸지가 모래를 밀치고 나오는 모습을 자세히 보면 말입니다. 큰 집게로 모래를 북북 헤치며 나옵니다. 모래 속으로 개미를 끌고 들어갈 때도요. 꽁무니로 모래를 북북 헤치며 들어가지요. 선인들은 그런 모습을 보고 '북구지' 또는 '뿌꾸지'라고 하였습니다. 의태어인데요. 이 곤충의 표준말이 무엇인지 궁금하시지요? '개미귀신'입니다. 명주잠자리의 유충말이지요. 위에서 보듯이 '뿌꾸지'는 '뻐꾸기'의 방언이고 '개미귀신'의 방언이기도 합니다.

2. 아래기와 차리기

 지금은 사시사철 밤이 흔합니다만, 예전에는 귀했습니다. 저의 동네에 밤나무가 있는 집은 대갓집이거나 잘 사는 집, 몇 집 정도였습니다. 아이들은 가을이 되면 밤 서리를 했는데요. 아람이 저절로 벌어지기도 전, 채 여물지도 않은 밤송이도 공략 대상이었지요. 그래서 덜 여문, 물컹물컹한 밤도 꺼내 먹었습니다. 단맛, 고소한 맛이 덜했지만요. 먹거리가 귀하던 시절이라 그런대로 먹을만했습니다. 밤이 본격적으로 익어가는 가을철, 밤나무 밑에 가면요. 알밤이 수두룩하게 떨어져 있었는데요. 특히, 바람이 많이 분 날이나 새벽에 가면 더 많이 떨어져 있었지요. 양쪽 바지 주머니가 불룩하도록 주웠고요. 그런 날엔 콧노래를 부르며 집으로 왔지요. 그 시절 어른들은 밤이 익어갈 무렵이면 이렇게 말했습니다.

 "야야! 뒷산 밤낭글(밤나무를) 쳐다보니야. 하마 아래기가 벌어지는 것 같더라. 차리기가 떨어지는지 올라가 봐라."

위에서 언급한 아래기(아리기라고도 한다)라는 말은 삼척·동해지방 사투리인데요. 표준말로 하면 '아람'이지요. 사전에서 '아람'을 찾아보니 '밤이나 상수리 따위가 충분히 익어 저절로 떨어질 정도가 된 상태 또는 그런 열매'라고 하고 있습니다. 그런데 삼척·동해지역에서 말하는 아래기는 알밤(아람) 그 자체를 의미하는 것은 아니고요. 밤 송이가 익어 틈이 벌어지는 상태를 의미합니다.

다음은 '차리기'라는 말인데요. 차리기는 충분히 익어서 저절로 떨어지는 밤을 말하는데요. 이 차리기라는 어휘도 삼척·동해지방에서만 쓰는 말이지, 인근인 강릉 쪽에서조차 쓰지 않습니다. 그런데요. 제 기억으론, 이 말은 가을이 되어 알밤이 떨어지는 초기에만 차리기라고 했지, 제철이 되어 많이 떨어지는 시기, 즉 본격적으로 밤이 떨어질 때는 차리기라고 하지 않았습니다. 그래서 밤이 떨어지는 초기에는 차리기가 떨어지는지 보러 간다. 또는, 차리기 주우러 간다고 했지요. 그러나 그 후에 밤이 많이 떨어질 때는 밤을 따러 간다거나 주우러 간다고 했지, 차리기 주우러 간다고는 하지 않았습니다. 선인들은 초기에 조금씩 떨어지는 밤과 본격적으로 떨어지는 시기의 밤을 구분해 말한 것 같습니다.

밤송이가 한창 벌어질 땐 아예 밤나무에 올라가 나무나 가지를 흔들지요. 아니면 장대로 쳐서 밤송이를 떨어뜨리는데요. 이럴 때 떨어지거나 줍는 밤을 차리기라고는 하지 않았습니다. 여러분은 어떻게 생각하시나요? 제 의견에 동의하시는지요?

  위의 이야기는 그렇다 치고요. 다시 아래기와 차리기 이야기로 돌아가겠습니다. 위에서 보듯이, 다른 지방에서는 밤송이가 벌어지는 것도 아람이고 익어서 떨어지는 밤도 아람이라고 하고 있습니다. 그런데, 삼척·동해지방의 선조들은 이를 분명히 구별하여 말했습니다. 밤송이가 익어서 벌어지는 상태는 아래기, 떨어지는 알밤은 차리기라고 했습니다. 선조들은 이렇게 표준말에 없는 말, 그 지역만의 말을 만들어 사용하기도 했습니다. 때로는 표준말보다 더 진화되거나 더 명확한 뜻의 어휘들을 창조하여 사용하기도 했습니다. 방언은 이렇게 표준말과 뜻은 같으나 낱말 자체가 다를 때도 있고, 표준어에 없는 어휘, 더 진화된 어휘도 있습니다. 각 지방의 말 중엔 그러한 어휘들이 아주 많습니다.

3. 추억의 쫀데기

쫀데기? 70세 이상 되시는 분들은 "아하! 그거"라고 하며 어린 시절을 회상할 것 같습니다. 이 어휘에 대해 말하자면요. 시대적 배경을 곁들여야 할 것 같습니다. 1960년대 이전 시기는 참 어려운 시기였습니다. 36년간이나 계속된 일제의 압제에 이어 민족상잔의 6·25를 겪은 시기였기 때문인데요. 농촌은 피폐해 입을 것, 먹을 것을 비롯해 모든 게 궁핍했습니다. 당시에도 과자나 껌(gum) 같은 것들이 있긴 했지만요. 돈이 없어, 돈이 아까워 사 먹지 못했는데요. 어쩌다 껌이 생기면 종일 씹다가도 잘 때 벽에 붙여두었다가 다음 날 다시 씹었고요. 친구 입 속의 껌도 나눠달라고 조르기도 했지요. 인심 쓰듯이 조금 떼어주면 고맙게 여겼습니다. 요즘 젊은이들이 들으면 질겁할 이야긴데요. 하지만, 그 시절엔 시대상황이 그랬습니다.

그 시절 아이들은 직접 껌을 만들어 씹기도 했는데요. 밀알을 씹어 만든 밀껌을 씹었고요. 송진도 껌으로 씹었는데요. 송진 껌은 다음과 같이 만들었습니다. 큰 소나무 밑에 가면 송진 덩어리가 떨어져 있는데요. 그걸 주워 손바닥에 놓고 살살 비비면요. 겉의 더러운 것들이 떨어져 나가고요. 뽀얀 속살이 드러나는데요. 그걸 껌이라고 씹었지요. 송진향이 진하게 나는데요. 좀 딱딱한 것이 흠이라면 흠이었지요. 크레용을 섞어 씹으면 부드러워졌는데요. 그런데, 예전 아이들은 이 송진 껌보다 더 훌륭한 껌을 발명해 냈는데요. 쫀데기라는 것입니다. 먼 옛날, 아주 오래 전부터 전해 내려온 것으로 여겨집니다.

쫀데기를 만들자면요, 다음과 같은 과정을 거칩니다. 산기슭에 가면 쫀데기나무가 있는데요. 6~7월경이면 열매가 익지요. 열매가 다 익기 전, 푸른 상태의 열매를 따서는요. 손등에 올려놓고 비비지요. 그러면 겉껍질 안에 열매를 싸고 있는 엷은 막이 보이는데요. 그것을 분리해서 티끌 모으듯이 모으고 또 모읍니다. 그 연한 막을 씹으면 덩어리가 되는데요. 고무같이 탱글탱글한 성질이 있어서 씹으면 껌보다 더 질기지요. 이것을 껌 대신 씹었고요. 송진과 섞어 씹으면 부드러운 껌이 되었습니다. 초등학생 여자아이들 사이에선 이 쫀데기 덩어리를 사고팔기도 했습니다.

쫀데기는 쫀디기라고도 하는데요. 옛사람들이 이 재료를 쫀데기라고 한 것은, 씹으면 쫀득쫀득하기 때문에 그렇게 이름을 붙인 것 같습니다. 그런데요. 이 쫀데기라는 어휘가 국어사전에도 방언사전에도 올라 져 있지 않습니다. 지금까지 쫀데기 이야기를 장황하게 늘어놨는데요. 다른 지방에서도 이런 껌을 만들어 씹었는지가 궁금합니다. 이제 이 말의 표준말이 무엇인지 궁금하시지요? 쫀데기나무의 표준말은 '청가시덩굴'입니다. 깜바구나무[1]와 비슷하긴 한데요. 종류가 다른 나무입니다. 인터넷에 검색하면 실물 사진을 확인할 수가 있습니다. 종합해서 말하면 쫀데기는 청가시덩굴의 열매의 연한 속껍질을 모아 씹어서 만든 껌을 말합니다. 모든 게 풍족한 이 시대, 쫀데기라는 말은 이제 추억 속에서나 있는 말이 되었습니다.

---

1) 청미래덩굴, 강릉지방에서는 땀바구 라고 한다.

4. 소(牛)와 소통하는 말에도 방언이 있다

 불과 반세기 전만 하더라도 소는 농가에 아주 소중한 가축이었습니다. 논밭을 갈 때 꼭 필요한 존재였고요. 수확한 농산물을 운반하거나 땔감을 해서 나를 때도 소를 이용했습니다. 농가의 재산목록 1호였지요. 그래서 애지중지 길렀습니다. 아들딸의 혼사나 집안에 큰일이 있을 때 어미 소나 송아지를 팔아 비용으로 썼습니다. 또, 자식들 대학 등록금을 마련할 때도 그랬고요. 논밭전지를 늘여갈 때도 소가 큰 역할을 했습니다. 그래서 어미 소가 쇠아지[1]를 낳으면 집안의 경사로 여겼습니다.

 위와 같이 소는 농가에 절대적으로 필요한 가축이었지요. 그래서 집안 식구와 같은 대접을 받았고요, 사람과 함께 한 지붕을 쓰고 살았지요. 벜[2]의 여물 끓이는 가마 맞은편 마구(馬廏)가 그들의 안식처였습니다. 사정이 달라져서요. 예전 부려 먹기 위해 키웠던 소를 지금은 살을 찌워 팔기

---

1) 송아지 2) 부엌

위해서 키우고 있습니다. 평생 일만 하던 소가 팔자가 달라졌습니다. 위생적인 시설에서 한가로이 지내며 영양가가 풍부한 먹이를 먹는 호강을 누리고(?) 있습니다.

예전 소로 논밭을 갈 때 사람과 교감하는 말이 있었습니다. 조상 대대로 써온 말인데요. '이랴!'와 '와와!', '도차!'라는 말이 그것입니다. '이랴'라는 말은 다들 아실 테지만요. '와와'나 '도차'라는 말은 잊고 지내셨을 것 같습니다. 왜냐하면, 지금은 소로 논밭을 갈지 않고 경운기나 트랙터로 갈기 때문에 말입니다. 먼저, '이랴!'라는 말은 '가자(go)!'라는 말임은 다 아시고요. '이랴!'라는 말을 삼척지방에선 '이러!'라고도 합니다. 다음, '와!' 또는 '와와!'라는 말은요. 가던 소를 멈춰 세울 때 쓰는 말입니다. '서라(stop)!' '멈춰라!'라는 뜻 말이지요. 용케도 소는 이 말을 알아듣고 그 자리에 섭니다. 혹시 못 알아들으면 '와와~와!'라고 '와!'를 한 번 더 하면 됩니다.

마지막으로, '도차!'라는 말은요. '돌자!' 또는 '돌아가자!'라는 권유의 말입니다. 밭을 갈던 소가 밭 가장자리에 다다랐을 때, 주인이 보구레[3]를 살짝 들면서 '도차!'라고

---

3) 쟁기 또는 극젱이

말합니다. 고삐를 반대 방향으로 넘기면서 말이지요. 그러면 소가 알아차리고 돌아섭니다. 영리한 소는 '도차'라는 말을 안 해도 알아서 돌지요. 고삐를 안 당겨도 밭머리에 이르면 스스로 돌아섭니다.

위에서 언급한 '와!' 또는 '와와!', '도차'라는 말을 다른 지방에서 어떻게 말하는지를 살펴보겠습니다. '와와'를 강릉이나 춘천, 홍천 등 영서 지방에선 '워워'라고 합니다. '돌아서!'라는 뜻의 '도차!'는 강릉 쪽에선 '워치!'라고 하고요. 평창 진부 지방에선 '어치(엇치)!'라고 합니다. 정선 백전리(柏田里) 지방에선 '어리!' 또는 '어리어리!'라고 합니다. 삼척과 경계 지역인 정선 화암면에서 그렇게 말한다고 하니요. 백전리 사람들과 물레방아를 공동으로 썼던 하장면의 한소리 쪽에서도 '어리어리!'라는 말을 쓸 것 같습니다.

이 외에도 사람과 대화하듯이 소와 소통합니다. 밭고랑에 올라서라고 할 때는 '올라서!' 또는 '올라서자', '올라서고'라고 말하고요. 내려서라고 할 때는 '내려서!', '내려서자', '내려서고'라고 합니다. 천천히 가라고 할 때는 '천천히!'라고 말합니다. 앞서 말한 '도차'라는 말은 삼척·동해

지방에서만 쓰는 독특한 말인데요. 어원은 '도착(arrival)' 또는 '돌자(go round, turn)'라는 말에서 유래된 것 같은데요. 정확한 어원은 저도 모르겠습니다. 이제 이 '도차'라는 말은 물론 '와' '와와'라는 말도 쓸 기회가 없어졌습니다. 소로 밭을 갈지 않기 때문이죠. 한 십 년쯤 지나면 이 말들도 완전히 잊을 겁니다.

5. 망웃

 1970년대 이전, 보리농사를 많이 할 땐데요. 겨울이나 이른 봄이 되면 보리밭에 인분을 뿌렸습니다. 지금은 화장실이 집 안에 있지만요. 그 시절엔 변소 또는 정낭이라고 해서 집 바깥에 있었습니다. 온 식구들이 거기에다 용변을 보았는데요. 평소엔 인분 또는 똥오줌인데, 변소에 쌓인 인분을 퍼낼 때는 '망웃'이라고 했습니다. 정낭에서 '망웃'을 푸려면 말입니다. 긴 자루가 달린 똥바가지가 필요했는데요. 그걸 '망웃바가지'라고도 했고요. 조심스레 퍼서 망웃통에 담았지요.

 망웃을 퍼담은 동이 위에는 짚을 틀어서 올렸는데요. 지고 갈 때 출렁거리지 말라고 그랬지요. 마치 물동이를 일 때 위에 바가지를 거꾸로 놓듯이 말입니다. 그다음은요. 똥지게, 즉 '망웃지게'에 짊어지고 밭으로 가는데요. 망웃지게를 지는 데도 요령이 필요했습니다. 좌우 균형을 잡고 리듬에 맞춰 걸어야지, 갈지자로 걷거나 뒤뚱거리면 옷이나 신발에 풍물이 튕겨서 낭패를 겪습니다. 보리밭에 도착해서는요. '망웃통'을 찬찬히 내려놓고요. 이번에는 작은 망웃바가지로 망웃을 푸고요. 보리밭 고랑을 따라가며 뿌리는데요. 그럴 땐 쿤내[1]가 진동하잖소. 바람이 불면 온 들녘으로 퍼져나갔지요.

 감자나 김장을 심을 때도 밭고랑에 '망웃'을 뿌렸는데요. 오랍들이[2]에다 호박을 심을 때도 호박구덩이에 망웃을 듬뿍 넣었지요. 그 시절, 어른들은 아이들에게 이런 주문을 하기도 했는데요.

 "야야! 이웃집에서 놀다가도 오줌이나 똥이 매려우면 반드시 집에 와서 놔래이"

 비료가 귀한 시절이라 그랬는데요. 어른들은 길가의 쇠똥, 죽은 쥐도 못 본 체하지 않았습니다. 주워서 밭에 넣거나 집으로 가져와 거름더미에 묻었지요. 왜서[3] 그랬느냐면요. 1960년대까지만 하더라도 비료가 아주 귀해서 걸금[4]이 그만큼 중요했기 때문이지요. 그렇게 할아버지

---

1) 구린내, 구린 냄새 2) 오래뜰, 집주위 3) 왜, 왜를 '왜서' '왜사'라고 말한다
4) 거름

세대에는 걸금과 인분으로만 농사를 지었는데요. 고생이 말이 아니었습니다. 온 식구가 열심히 일해도요. 양석[5]이 부족했는데요. 70대 이상 분들은 그 시절 풍경이 눈에 선할 것 같습니다. 세월이 흘러 지금은요. 인분을 논밭에 뿌리는 사람도 없거니와 그런 일을 했다간 큰일 나는 세상이 되었습니다. 내금새[6]가 난다고 당장 신고가 들어갈 것입니다.

'망웆'이란 말은 '마웆' 또는 '마~웆'이라고도 발음하는데요. 한 가지 재미있는 것은요. 정낭에 있는 똥오줌, 즉 변소 밑에 놓여있는 사람의 분뇨만 '망웆'이라고 했지, 변소가 아닌 곳에 누어져 있는 인분이나 개똥, 마구간의 쇠지랑물 같은 것은 '망웆'이라고 하지는 않았습니다. 다른 지방에서는 어떻게 말하는지 몰라 사전에 찾아봤더니 국립국어원의 〈우리말샘〉에 다음과 같이 되어 있습니다.

망웆 : 두엄에 왕겨와 인분을 섞어 만든 좋은 거름(전남).

---

5) 양식(糧食). 곡식을 '곡석', 음식을 '음석'이라고 한다 6) 냄새

전라도 지방에선 제 의견과 좀 다른 의미로 쓰임을 알 수 있습니다. 지금까지 계속 지저분한 이야기를 해서 미안한데요. '망웃'이라는 말은 있잖소? 1970년대까지만 하더라도 흔히 썼던 말인데요. 이제는 나이 드신 어른들도 쓰지 않고요. 오십 대 이하, 요즘의 젊은이들은 아예 무슨 말인지도 모를 것 같잖소. 어터[7] 됐든지 간에 말입니다. 반세기 전만 하더라도 흔히 썼던 말들이 하나둘, 소리 소문도 없이 사라져가고 있습니다.

---

7) 어떻게

6. 강물이 바닷물과 만나는 곳, 개목

제가 이번에 말씀드릴 '개목'은 말입니다. '개(犬)의 목'을 말하는 것이 아닙니다. 다른 의미의 '개목'인데요. 우선, 예전 초등학교 시절 배웠던 '시냇물'이란 동요의 가사를 보겠습니다.

"냇물아 흘러 흘러 어디로 가니? 강물 따라 가고 싶어 강으로 간다. 강물아 흘러 흘러 어디로 가니? 넓은 세상 보고 싶어 바다로 간다."

요즘 어린이들도 이 노래를 배우는지 모르겠습니다. '낮에 나온 반달은 하얀 반달은, 해님이 쓰다 버린 쪽박인가요'로 시작되는, 주옥같은 반달이라는 동요도 안 배운다니, 이 동요도 안 배울 것 같아 안타깝습니다. 그건 그렇다 치고요. 1950년대, 1960년대 어린이들은 '시냇물'이라는 노래를 불렀습니다. 가사에 나와 있듯이 빗물이 모여 내를 이루고요. 그 냇물이 모여 강을 이루며, 강물은 마침내 바다로 흘러갑니다. 강물과 바닷물이 접하는 곳, 즉 강물의 어귀를 '하구(河口)' 또는 '강구(江口)'라고 하는데요. 동해안 지방에서는 민물과 바닷물이 만나는 곳, 강이나 내에 바닷물이 드나드는 곳을 '개목'이라고도 말합니다. 근덕면의 맹방과 덕산 사이로 흐르는 마읍천 끝부분을 '덕산 개목'이라고 하는데요. 오십천 하구 쪽도 '오십천 개목'이라고 하는지는 모르겠습니다.

 그런데요. 자료를 찾아보니 양양 남대천 하구에 바닷물이 드나드는 곳을 '한개목'이라고 한다고 합니다. 그런 것으로 보아 '개목'이란 말은 동해안의 다른 지방에서도 쓰는 말로 여겨집니다. 양양 남대천 '한개목'의 '한'은 '크다'는 의미로 양양 남대천이 큰 하천이기 때문에 '한개목'이라고 하는 것 같습니다.

 다시 덕봉산이 있는 덕산의 개목으로 돌아와서, '덕산 개목'은 마읍천(麻邑川)의 끝부분인데요. 마읍천은 노곡면 상마읍의 문의재에서 발원하여 하마읍에서 활바지와 주지(舟旨)에서 내려오는 물과 합류한 다음 대평, 양리, 동막, 부남, 교가, 오리를 거치고요. 다시 다리실에서 내려오는 물과 합류하고 마지막에는 금계리 초당동굴에서 흘러

나오는 소한천(蘇翰川)과 합쳐 덕봉산이 있는 개목으로 흘러갑니다. 봄이면 황어나 숭어, 은어 떼가 올라오고요. 아주 가느다란 뱀장어 새끼도 올라옵니다. 그 시절 홍수가 나면요. 곳곳의 다리가 끊어져 다닐 수가 없었고요. 뽑힌 생나무들이나 쌓아 둔 목재들이 하류로 떠내려왔지요. 그런데 말입니다. 마읍천이라는 이름은 아주 오래된 이름이 아닙니다. 1970년대까지만 하더라도 마읍천을 남대천(南大川)이라고 했지요. 남대천이란 이름은 1951년도에 개교한 근덕중학교 교가(校歌)에도 나옵니다. 가사는 다음과 같습니다.

> 태백산 줄기 뻗은 남대천 기슭/ 유구한 역사 위에 터전을 닦고/ 이 겨레 빛낼 일꾼(옛날 교가는 '일꾼'이라 했으나 지금 교가는 '주인'으로 바뀌었다) 고이 자라는/ 희망의 보금자리 우리 근중교.

가사 중에 분명히 '남대천 기슭'이란 말이 나옵니다. 이 '남대천'이라는 하천의 이름은 지역 주민들이 아주 오래 전부터, 조상 대대로 써온 이름입니다. 그런데 소리 소문도 없이 언제 '마읍천'으로 바뀌었습니다. 그 이유가 뭔지, 제 나름대로 생각해 봤습니다. 백두대간 동쪽으로 흐르는 하천들은 서쪽으로 흐르는 강에 비해 길이가 짧습니다. 태백산맥 동쪽, 동해안에는 이상하게도 같은 이름의 하천이 많습니다. 남대천이란 하천명은 강릉에도 있고 양양에도 있으며 울진에도 있습니다. 제가 알기론 동해안 북녘에도 있는 것으로 알고 있습니다. 그렇다 보니 언젠가 국토부에서 동해안의 큰 하천은 그대로 '남대천'으로 두고 좀 작다고 여겨지는 삼척의 남대천은 '마읍천'이라고 바꾼 것 같습니다.

국립국어원의 『표준국어대사전』에 의하면 '강이나 내에 바닷물이 드나드는 곳'을 '개'리고 하고 있습니다. 따라서 동해안 지방의 '개목'은 '개'의 방언이라고 할 수 있습니다. 저로선 그냥 '개'보다 '개+목(neck)'이 더 진화된 어휘로 보입니다. 덕산 개목은 맹방해수욕장과 함께 민물과 바닷물 모두를 즐길 수 있는 곳인데요. 맹방해수욕장은 동해안의 해수욕장 중 민물과 바닷물이 함께 있는 몇 안 되는 해수욕장입니다. 최근엔 덕봉산으로 향하는 다리와 둘레길까지 만들어져 있습니다. 덕산 개목에서 덕봉산에 올라 동해의 망망대해를 바라보면요. 가슴이 탁 트입니다. 탄성이 절로 나옵니다. 구경 한번 안 가실래요?

7. 눌인국시와 노두국시

　지금은 거의 재배하지 않지만요. 1960년대까지만 하더라도 밀을 많이 재배했습니다. 밀은 보리보다 조금 늦게 여무는데요. 그래서 6월 말이나 7월 초에 수확했지요. 한여름 뽁딱양지[1]에서 밀 타작을 했고요. 타작한 밀은 멍석에다 널어 말린 다음 방깐[2]에 가서 빻았지요. 그 당시 미국산 밀가루는 아주 희었는데요. 토종 밀가루는 거무튀튀했지요. 당시 국내 제분 시설이 좋지 않아서 그런 것 같은데요. 빻아 온 밀가루는 항아리에 꾹꾹 눌러 담았다가요. 주로 국수나 붕구래기[3]를 해 먹었지요. 그 시절 손칼국수는 밀가루에 콩가루를 함께 넣었고요. 두 손으로 치대면 반죽이 노랬지요. 안반에 올려놓고 홍두깨로 밀어대면요. 국수가 두리반같이 넓게 되었습니다. 척척 접어서 칼로 썰고요. 그걸 펄펄 끓는 물에 넣으면요. 구수한 콩가루 칼국수가 완성되었지요.

---

1) 땡볕 2) 방앗간 3) 수제비의 일종

예전, 농촌의 여름철 저녁은 칼국수와 찐 감자가 주식이었고요. 겨울 저녁에도 국시를 많이 해 먹었지요. 그런데요. 그 시절 늘 대하는 이 토종 밀가루 칼국수보다는요. 국수 공장에서 나온 기계국수를 더 좋게 여겼는데요. 평소에 자주 먹어보지 못하던 국수여서 그랬던 것 같습니다. 어쩌다 동네에 결혼 잔치가 있는 날이면요. 그때 기계국수를 실컷 먹을 수가 있었습니다.

 잔칫집 마당 구석엔 기마가 두 개 놓였는데요. 국수를 끓이는 큰 가마와 멸칫국을 끓이는 국 가마였지요. 끓여낸 국수는 물에 헹궈 건져내고요. 한 죄기씩 타래를 지어 대바구니에 두었지요. 그랬다가 손님이 오면 구수한 멸칫국물에 말아주었는데요. 국수 위에는 꾀미[4]가 얹혀 있었는데요. 마른 고추를 가늘게 썬 실고추와 달걀노른자를 얇게 지진 지단이었지요.

 그 시절 국수 그릇은 놋그릇이었는데요. 두텁고 누런빛의 놋그릇과 흰빛의 국수, 그 위의 빨간 실고추와 노란 지단이 어울려 환상적 조합을 이루었고요. 보기만 해도 군

---

4) 고명 또는 꾸미

침이 돌았지요. 오랜만에 대하는 귀한 음석[5]이라 아이 어른 할 것 없이 욕심을 내어 두 그릇, 세 그릇을 비웠지요. 그런데요. 그 시절 잔치국수 즉 공장에서 만든 기계국수를 '노두국수' 또는 '눌인국시'라고 하였습니다. 이 글을 읽는 어른들도 오랜만에 들어본다고 할 것 같습니다.

앞에서 말했듯이, 예전에는 국산 밀가루보다 수입 밀가루를 더 선호했고요. 집에서 만드는 칼국수보다 수입 밀가루로 만든 기계국수(잔치국수)를 더 좋아했습니다. 세월이 변해 지금은 국산 밀가루를 더 알아주는 세상이 되었고요. 기계국수보다 손칼국수를 더 알아주는 세상이 되었습니다.

미국 밀가루 이야기를 좀 더 해보겠습니다. 미국의 원조 밀가루를 '480 밀가루'라고 하였는데요. 미국 공법(Public Law) 480호에 따라 미국에 남아도는 농산물을 원조 방식으로 들여온 것인데요. 그 밀가루는 가난한 백성들의 배고픔을 달래주는 일등 구호품이었습니다. 배급은 물론이고 사방사업이나 각종 공사에 동원되면 노임 대

---

[5] 음식

신에 밀가루를 주었지요. 1960년대 후반에는 밭에 뽕나무를 심어도 밀가루를 주었고요. 농촌 사람들은 그 밀가루로 국수와 수제비를 끓여 먹으며 연명했습니다.

  그 시절 국수틀이 있는 집에 가서 기계국수를 빼 오기도 했는데요. 기계에 뺀 국수를 '눌인국수' '눌인국시'라고 했습니다. 기계에 눌려 뽑았다고 하여 그렇게 말했습니다. 또, '노두국시' '노두국수'라고도 했는데요. 왜 그렇게 말했는지는 저도 잘 모릅니다. 영어로 국수를 누들(noodle)이라고 하는데요. 거기서 나온 말 같기도 하고 그렇지 않은 것 같기도 합니다. 하지만 어릴 때 분명히 '노두국시'라는 말을 들었습니다. 우리들이 말하는 잔치국수 말입니다.

8. 보릿고개와 밀지울밥

 절대 빈곤에 허덕이던 1950년대 전후엔요. 삼시세끼 보리밥, 조밥만 먹을 수 있어도 괜찮은 집이었습니다. 가난한 농가는 봄까지 날 양식이 부족했는데요. 겨울이면 아침은 조밥, 저녁은 국수나 죽으로 때웠고요. 점심을 건너뛰는 것은 흔히 있는 일이었지요. 그런데요. 몇 년 전 어떤 일간지에 다음과 같은 기사가 난 것을 봤습니다. 식품 제조 과정에서 버려지던 찌꺼기들, 밀기울이나 비지, 맥주박 같은 부산물이 건강식품으로 변신했다는 내용이었습니다. 이들 부산물에는 식이섬유와 단백질이 많고요. 비타민B군이 많이 들어있다고 합니다. 그래서 기능성식품으로 재탄생했다고 합니다.

 신문 기사를 보다가 문득 어린 시절이 떠올랐습니다. 밀지울밥을 먹었던 추억 말이지요. 아시다시피, 밀지울은 밀을 빻아 체로 걸러서 남는 속겨나 껍질을 말합니다. 밀가루 성분이라곤 조금뿐이고 거의 모두 섬유질이지요. 요즘의 가축사료보다 훨씬 못한 것이었습니다. 춘궁기가 되어 도장[1]의 양식이 떨어질 무렵이면요. 어머니께서 밀지울을 포대 째로 사오셨고요. 그걸 보리밥이나 조밥에 섞어 먹었지요.

더러는 밀지울 범벅도 해 먹었는데요. 그 시절, 삼척지방 겨울철 주식은 조밥이었는데요. 까끌까끌해서 먹기 싫었지만, 밀지울은 더 까끌까끌했습니다. 그렇게 험한 음식이지만 '목구멍이 포도청'이라 어쩔 수 없이 먹었습니다. 이 밀지울조차 살 형편이 안 되는 집은 꿀밤을 주워서 먹었고요. 초근목피와 나물로 연명했지요. 우리들의 앞 세대 어른들은 이렇게 악식(惡食)으로 모진 춘궁기를 견뎌내야 했습니다.

부모님들은 그렇게 어렵게 살면서도 교육열이 높았습니다. 당신들은 배를 졸여가며 자식들 공부를 시켰습니다. 윗대 어른들의 그런 노력 덕분에 우리는 5천 년 지속된 가난의 굴레에서 벗어났습니다. 이제 세계 10대 경제 강국에 들었습니다. 그래서 지금은 배곯는 사람 하나 없이 풍요를 누리고 있습니다. 그러나 아직도 굶주림에 허덕이는 세상이

1) 곡간

있습니다. 탈북민들의 증언에 의하면요. 북한은 아직도 생존의 기본인 식량조차 해결이 안 된다고 합니다. 이밥은커녕 강냉이밥도 제대로 못 먹는 가정이 많다고 합니다. 아침 먹으면 점심 걱정, 저녁을 먹으면 내일 아침 걱정을 할 정도로 식량난이 심하다고 합니다.

그래서 감자껍질, 강냉이 뿌리는 물론 김장할 때 버리는 배추겉껍질도 버리지 않고 먹고요. 들판의 풀도 채 자리기도 전에 뜯어먹는다고 합니다. 우리는 춘궁기라는 말이 사라진 지 오십 년 가까이 되었습니다만 북한은 아직도 춘궁기와 보릿고개라는 말이 남아 있다고 합니다. 그 옛날 우리들의 보릿고개는 보리가 익는 5~6월이었는데요. 지금 북한의 보릿고개는 8월이라고 합니다. 옥수수가 여무는 시기가 되어야만 잠시 허기에서 벗어난다고 합니다. 그것도 잠시뿐이고요. 연중 보릿고개라고 하니 가슴이 아픕니다.

위에서 든 '밀지울' '밀지울밥' '말지울 범벅'은 '밀기울' '밀기울밥' '밀기울 범벅'이라는 것은 다 아실 것이고요. 그 옛날 가난의 상징이자 연명을 위해 어쩔 수 없이 먹었던 밀기울인데요. 그 밀기울이 건강식품으로 변신하였다고 하니 놀라 자빠질 일입니다.

9. 물미, 물미가 터지다

 물미? 이 말은 국립국어원의 『표준국어대사전』은 물론 국내 국어사전 어디에도 안 나오는 어휘인데요. 제가 보기엔 방언이라기보다는 예전 흔히 썼던 말이나 학자들이 미처 사전에 올리지 못한 말로 여겨집니다. 이 어휘와 관련한 이야기를 해보겠습니다.

 저는 일찍이 고향을 떠나 객지에 살고 있는데요. 30여 여년 전 어느 날 고향의 친구 형님분이 제가 사는 춘천으로 오셨습니다. 저처럼 딸네도 춘천에 사는데 딸네 집에 다니러 오셨는데요. 모처럼 저와 만나보고 싶다고 해서 만났습니다. 오래간만에, 반가워서 술자리를 가졌지요. 이런저런 이야기를 나누던 중이었는데요. 화제가 친구 형님의 아들 얘기로 넘어갔습니다. 친구 형님의 이들은 시골인 맹방초교를 나와 삼척고등학교를 거쳐 서울대학에 합격하였는데요. 그것도 아들 한 명이 아니고 두 아들 모두 서울대학에 합격하였지요.

제가 형님께 "형님은 우타[1] 자식 교육을 했기에 두 아들 모두 명문대학에 합격시켰소? 가문의 영광이기도 하지만요. 우리 동네의 자랑이기도 합니다."라고 했었지요. 그랬더니 형님은 "동생이! 이 사람아! 가(걔)가 어땠는지 아는가? 가가 국민학교 때는 글도 잘 못 읽고 나머지 공부까지 했잖나? 그런데 4~5학년으로 올라가더니 말이야. 물미가 터졌는지, 그때부터 공부를 잘하기 시작하더니 말이야. 내내 공부를 잘 하데야. 촌에서 뭐 과외도 안 시켰는데, 스스로 공부를 하더니 그렇게 됐다네."라고 하셨지요.

 친구 형님은 "그래서 난 이제 아무 욕심도, 걱정도 없다네. 요즘은 글 읽는 재미에 빠져 있는데 말이야. 최근엔 장자(莊子) 책에 심취되어 있다네."라고 하셨지요. 이 말을 들으니 예전 고등학교 시절 국어책에서 배운 양주동 박사의 '면학(勉學)의 서(書)'라는 단원이 생각났는데요. 글 중에 '독서백편의자현(讀書百篇義自見)'이란 문구가 생각났습니다. 글 읽기를 되풀이하여 몇 번이고 반복하여 숙독(熟讀)하다 보면 뜻이 통(通)하지 않던 부분도 알게 된다는 말인데요. 예전 어른들로부터 『사서삼경』 같은 어려운 책도

---

[1] 어떻게, '어떠' '어터' '우따'라고도 한다.

자꾸 읽다가 보면 물미가 터져 이해하게 된다는 말도 들었습니다.

이에서 보듯이, '물미'는 '어떤 사물에 대한 이해나 판단력'을 의미하고요. '물미가 터졌다'라는 말은 '어떤 사물(학문)에 대해 스스로 이해하고 판단하는 능력이 생겼다'는 의미인데요. 주변에 보면 어릴 때부터 대학까지 꾸준히 1~2등을 놓치지 않는 수재가 있습니다. 하지만, 어릴 때는 공부를 못하다가도 나중에 두각을 나타내는 학생도 있습니다. 어떤 학생은 초등학교 고학년 시기에, 또 어떤 학생은 중학교나 고등학교 때, 심지어 대학에 가서야 발군의 실력을 발휘하는 학생도 있습니다.

다시 앞의 이야기로 돌아가서, 그때 고향 형님은 아들이 이런 말도 하였다고 했었는데요. "아버지! 서울 학부모들이 워낙 과외를 많이 시키기 때문에요. 앞으로 시골 학생들이 SKY(서울대·연대·고대) 대학에 들어가기 점점 힘들 것 같아요"라고 말이지요. 1990년대에 그 말을 들었는데 서울 강남지역 어머니들은 이미 그 시기부터, 아니 그 전부터 과외가 심했던 것 같습니다. 그런 상황에서 시골 학생이 일류대학에 합격했다는 것은 대단한 일입니다.

10. 물미는 문리(文理)다

앞에서 '물미'라는 어휘에 대해 말씀드렸습니다. 초등학교 때 나머지 공부를 했던 아이가 나중에 물미가 터져 남들이 선망하는 일류대학에 합격했다는 내용이었습니다. 그러면서 '물미가 터졌다'라는 말은 '어떤 사물(학문)에 대해 스스로 이해하고 판단하는 능력이 생겼다'는 의미라고 말씀드렸습니다. 제가 최근 어떤 책을 읽다가 보니 위와 같은 견해를 수정해야겠다는 생각을 갖게 되었습니다.

그 책은 강원대 한문학과 교수이셨던 최승순(작고) 교수님이 쓴 『강원여지승람』이란 책입니다. 선생님은 살아 계실 때 그 책과 강원일보에 연재했던 글을 엮은 역저인 『강원문화회고록』을 제게 주셨는데요. 앞의 책 중에, '『맹자』를 천 번 읽으면 글의 이치, 즉 문리가 터질 것이다'라는 구절이 있었습니다. 최 교수님은 삼척의 역사서인 『척주지(陟州誌)』는 물론 강릉의 『임영지(臨瀛誌)』를 비롯해 『강원도지(江原道誌)』 등 한문으로 된 옛 서적을 여러 권 번

역하신 분입니다. 강원도 문화재위원으로 재직하셨고 율곡학회장을 지내신 분으로 강원문화와 관련해선 거목과 같은 분이셨습니다. 위에서 보듯이, 『사서삼경』 중의 하나인 『맹자』라는 난해한 고전도 천 번을 읽으면 문리가 통한다는 글을 보니 아차! '물미'라는 말이 '문리'구나 하는 생각이 들었습니다. 그래서 국립국어원의 『표준국어대사전』에서 '문리'라는 어휘를 찾아봤습니다.

문리(文理)
① 글의 뜻을 깨달아 아는 힘.
② 사물의 이치를 깨달아 아는 힘.
③ 글월에 표현된 의미의 앞뒤 연결. = 문맥.

사전에 보듯이, '물미'라는 말은 '문리'와 같은 의미임을 알 수 있습니다. 제가 생각하기엔 이 '문리'라는 말이 여러 사람의 입과 귀를 거치면서 와전되거나 쉽게 발음하는 경향에 따라 문리→물리→물미로 변형된 것 같습니다. 위와 같이 잘못 고정되어 사투리로 취급되는 말들이 많습니다. 예를 들어, 우리는 절기 중의 하나인 '경칩(驚蟄)'을 '경첩'이라고 하고요. '학교'를 '핵교'라고 하는데요. '경첩'과 '핵교'는 모두 방언으로 인정하고 있습니다. 따라서

'물미'라는 어휘도 '문리'가 변형된 방언이라고 수정할 생각인데, 여러분은 어떻게 생각하시는지요?

 이와 곁들여 말씀드릴 것은, 제가 연재하고 있는 「삼척방언순례」의 글 중에도 위와 같이 오류가 있을 수가 있습니다. 왜냐하면, 제가 방언학의 전문가가 아니고 그냥 터득한 지식에다 어릴 때의 경험을 토대로 쓴 주관적인 글이어서 그렇습니다. 따라서, 제 글에 잘못을 발견하시거나 이견이 있으실 경우 기탄없이 지적해 주시면 고맙겠습니다. 그래야만 보물과 같은 우리말이 더 온전하게 보전·전승될 수 있습니다.

11. 맹방바다에 지천이었던 째복

   2025년 6월 7일, 농민신문에 양양의 '째복'에 관한 글이 있었습니다. 각 지방의 특색 음식을 소개하는 「향토밥상」이란 코너에 소개되었는데요. '째복'이라고 하면 삼척 쪽에선, 후진이나 맹방 바다에도 유명한데요. 양양만의 특산물인 양 소개되어 삼척이 고향인 저로서는 조금은 섭섭한 마음이었습니다. 아시다시피, '째복'은 동해안 연안의 바다에 사는 조개입니다. 여름철 얕은 바다에서 트위스트를 추듯이 발로 땅을 비비면요. 뭔가 발에 걸리는데요. 주워 올려보면 조개, 즉 째복이지요. 예전 맹방 불[1]에는 지금보다 더 째복이 많았습니다. 그냥 걸어 다녀도 발바닥이 아플 정도로 밟혔고요. 한 자리에서 서너 개 정도를 주워 올리는 것은 식은 죽 먹기였습니다.

   한 길 정도 깊은 곳에는 파래가 붙어있는 째복도 있었지요.

---

1) 모래벌판

아기 주먹만큼 큰 째복에 말입니다. 여러 해 된 조개의 껍데기에 파래와 같은 해초 포자가 기생해 자란 것이지요. 째복은 무늬 종류가 아주 다양한데요. 회백색, 연갈색을 띠는 째복이 있는가 하면요. 자주색, 검정 무늬, 거의 흰 바탕인 째복도 있습니다. 그렇게 색깔과 무늬가 다양해서 모아놓으면 아름답기까지 합니다.

낮은 바다에서 손으로 건져 올리는 조개잡이는 재미가 쏠쏠한데요. 그래서 맹방 해변은 매년 '째복'을 줍는 인파로 넘쳐났습니다. 주운 째복을 솥에 넣고 삶으면요. 입이 딱 벌어지는데요. 조갯살을 헹궈서 모래를 걸러 내고요. 물기도 짜내지요. 거기에다 부추나 풋고추를 송송 썰어 넣고요. 소금간이나 고추장에 버무려 내면요. 별미음식이 되는데요. 식감을 말한다면, 야들야들하다고 해야 할지, 쫄깃쫄깃하다고 해야 할지, 연한 조갯살과 잘게 썬 양념의 아삭한 느낌이 어우러져 환상의 맛을 내지요.

발려낸 조갯살을 그대로 초장에 찍어 먹어도 좋은데요. 삶은 국물도 숟가락으로 떠먹어 보면요. 약간 짭짤하면서도 시원하지요. 국수나 수제비를 끓일 때 뽀얀 국물을 육수로 쓰면요. 국물이 한층 더 구수하지요.

'째복'이란 말이 다른 지방에서도 쓰이는지를 알아봤습니다. 그랬더니 '양양은 물론 그 북쪽의 속초·고성에서도 쓰이고요. 강릉은 물론 삼척 남쪽으로 울진·영덕·포항 지방에서도 쓰이는 말임을 알 수 있었습니다. 이를 볼 때, 째복은 북한의 동해안 지방에서도 쓰는 말로 추정할 수 있습니다. 삼척지방에선 '째복'이란 말 외에도 다양한 방언이 있는데요. '때복' '때북'이라고 하고요. '재복' '재북' '짜북' '째북'이라고도 합니다. 『표준국어대사전』에는 '째북'과 '짜북'이 올라 져 있긴 한데요. 그냥 조개의 방언이라고 하고 있습니다. 째복의 표준말은 '민들조개' 또는 '비단조개'인데요. 사전의 기존 뜻풀이를 수정했으면 좋겠습니다.

12. '들은 신청도 안 하다'와 '들은 청, 만 청하다'

 강원도 영동지방 말 중에 '들은 신청도(을) 안 하다'라는 말이 있는데요. 들어보셨는지요? 이 말은 상대편이 한 말에 대해 '들은 척' 또는 '들은 체'를 안 하는 것을 말합니다. 쓰이는 예를 들어보겠습니다.

 "아(아이) 월사금이 필요해서 말이야. 친구에게 돈 좀 최(꿔) 달라고 했지. 그런데 말이야. 그 친구가 들은 신청도 안 하더군. 얼마나 괘씸한 지 말이야."

 위에서 보듯이, '척'이나 '체'에 해당하는 말을 '청'도 아니고 '신청'이란 어휘를 써서 말합니다. 참으로 이상합니다. 아시다시피, 우리는 주민센터나 시청 같은 관청, 농협·수협·축협 같은 단체에 필요한 무엇을 요청(청구)할 때 신청한다고 합니다. 그런데 왜 들은 척을 안 하는 데 대해 '신청'이란 어휘를 써서 말할까요? 알다가도 모를 일입니다. 그런데 또 이상한 것은요. '들은 신청도(을) 안 한다'는 말은 있어도 '들은 신청을 한다'는 말은 없다는 점입니다.

위의 말과 달리 '들은 청, 만 청한다'라는 말도 있습니다. 이 말은 '들은 척(체), 만 척(체) 한다'는 말인데요. 상대편의 말이나 부탁을 듣고서도 묵묵부답, 대답하지 않는 것을 말하지요. 위에서 보듯이, 이 경우는 '척'이나 '체'를 '신청'이라 말하지 않고 그냥 '청'이란 말로 표현하는데요. 여기에서 '청'이 '듣는다'는 뜻의 한자인 '청(聽)'과 연관이 있는 것 같기는 합니다. 하지만, 이 또한 의아합니다. '들은 청, 만 청한다'는 말의 쓰이는 사례를 들어보겠습니다.

"이 사람아! 내 말이 말 같잖나? 얘기를 들었으면 가타(가하다), 부타(부좋다) 말을 해야지. 남의 말을 듣고서도 들은 청, 만 청하다니."

또 다른 말로 '본청 만청한다'는 말도 있습니다. 무엇을 보고도 아니 본 듯이 즉 '본체만체한다'는 말이지요. 이번에도 쓰이는 예를 들어보겠습니다.

"그 느마가[1] 말이야. 7급 공무원 시험에 합격하더니요. 눈이

---

[1] 녀석이

높아져 가지고 말이야. 날 본청만청하더군. 제가 잘 나면 얼마나 잘 났다고? 그보다 높은 고등고시에 합격하면 나 같은 사람과는 아예 상종도 안 하겠데야."

위의 '들은 신청도 안 하다' '들은 청, 만 청하다' '본청만청하다'는 세 가지 말은 문법에도 안 맞고 이상한 말로 들립니다. 하지만, 한편으론 재미있기도 합니다. 이 말은 삼척은 물론 인근의 강릉, 양양, 정선 쪽에서도 씁니다. 그러나 춘천, 원주 등 영서지방에선 쓰지 않습니다. 어떻든, 우리는 남의 말을 듣고 들은 체, 만체해서는 안 되겠습니다. 예의가 아닐뿐더러 무시한다는 오해를 받을 수 있기 때문입니다.

13. '멀', '멀이 서다'

 평소 운동을 하지 않다가 갑자기 먼 길을 가거나 산을 오르면 무릎이나 발바닥이 아픕니다. 더러는 허벅지에 가래톳이나 멍울이 생기기도 합니다. 또, 급작스레 장거리를 달리거나 쪼그려 앉은 자세로 토끼 뜀을 해도 그렇습니다. 아시다시피, 가래톳은 허벅지의 림프샘이 부어서 생기는 멍울입니다. 세균 감염으로 생기지만, 대개 다리를 무리하게 사용하면 생깁니다. 가랑이에 가래톳이 생기거나 멍울이 생기면 그 부위가 아파 어그청어그청[1] 걷게 됩니다.

 그럴 때 어른들이 뭐라고 했는지 아세요? 한심하게도 침을 바르라고 했는데요. 침을 바르면 가래톳이 삭는다고 말이래요. 약이 귀하던 시절이라 머큐로크롬(예전 일본말로 아까징끼라고 했다)이나 요오드팅크(예전 옥도정기 또는

---

1) 어그적어그적

요드징끼라고 했다)같은 물약을 바르긴 했어도요. 냉큼 낫지 않았습니다. 그런데, 삼척지방에선 가래톳을 가래톳이라고 말하기보단 풀어서 '가래토시'라고 했는데요.

 이와 달리 생소한 말이 있었습니다. 저의 어머니는 예전(1960년도 전후 무렵) 허벅지에 딱딱한 멍울이 생기면 '멀이 섰다' '멀이 생겼다'라고 하셨습니다. 그 시절 초등학교 때, 가을이 되면 운동회를 했잖습니까? 100m 달리기나 계주 같은 연습을 여러 날 하다 보면요. 나도 모르게 사타구니에 멍울이 생겼는데요. 그럴 때 어머니께서 다음과 같이 말씀하셨습니다.

 "야야! 뜀박질을 망이[2] 하다 보이 사티기[3]에 멀이 섰구나."

 반세기 전, 저는 분명히 '멀'이란 말을 들었는데요. 여러분들도 들어보셨나요? 지금도 쓰시나요? 고향 친구들에게 물어봤지요. 아는 친구가 많지 않았는데요. 그래서 가장 권위 있는 사전인 국립국어원의 『표준국어대사전』과 방언을 수록해 놓은 「우리말샘」에 수록되어 있는지를 살

---

2) 많이 3) 사타구니

퍼봤지요. 안타깝게도 '멀'이라는 어휘를 찾을 수가 없었습니다. 참고로, 「동굴엑스포」가 열리던 해, '루사'태풍이 동해안을 휩쓴 해인 2002년 6월에 제가 『삼척방언편람 "어데 가와?"』라는 사전을 출판하였습니다. 그때 이 어휘를 사전에 수록한 바 있는데요. 저의 책을 참고하였다면 「우리말샘」에라도 등재되었을 텐데요. 그로부터 20년이 더 지난 지금까지도 국립국어원의 국어사전이나 방언 자료집에 수록되어 있지 않습니다.

다행히 '멀'이란 어휘가 고려대학교에서 펴낸 『고려대한국어대사전』에 '멍울' 또는 '가래톳'의 방언이라고 수록되어 있긴 합니다. 함경도방언이라고만 되어있고요. 강원도 방언이라는 언급이 없습니다. 그 이유를 생각해 보았는데요. 아주 오래전 팔도방언을 조사할 때, 함경도 지방에선 조사가 되었으나 강원도 쪽에선 발굴이 안 되어 그런 것 같습니다. 제가 어릴 때 분명히 들었던 말이자 지금도 누군가는 쓰고 있을 '멀'이란 말이 이제라도 삼척 방언이자 강원도 방언으로 등재되기를 기대해 봅니다.

3부 \ 풍물·풍속 속의 삼척말

1. '바우다'와 '앗이다'

'바우다'와 '앗이다'라는 말은 삼척지방에서 흔히 쓰는 말입니다. 그런데 국어사전에 없습니다. 예전 가정에 큰일이 있을 때는 집에서 음식을 만들었습니다. 명절 때는 명절 음식을 만들었고요. 결혼 잔치나 환갑잔치 같은 잔치에도 집에서 음식을 만들었습니다. 제사, 생일, 계모임을 위해서도 집에서 음식을 장만하였지요. 명절이나 제사, 돌잔치같이 작은 행사는 가족끼리 만들었고요. 결혼이나 회갑연같이 큰 잔치 때는 친척이나 이웃 사람들이 모여서 만들었습니다.

준비하는 음식은 모두 손님 대접을 위한 음식인데요. 종류가 다양했습니다. 떡과 술은 기본이고요. 전(煎)을 부치고 두부, 어물, 육, 잡채, 나물, 과질, 식혜 등을 만들었습니다. 이렇게 집안의 큰일이나 특별한 행사를 위해 음식을 만드는 것을 '바운다'고 합니다. 손님으로 초청되어 음식을 먹을 때는 다음과 같은 말을 하기도 합니다.

"아이고! 뭘 이래 마이 바왔소?" "상다리가 뿔대지겠소야."

상다리가 부러지도록 음식을 많이 차렸다는 말인데요. 그런 잔칫집에 다녀와서는 다음과 같이 말합니다.

"그 집 잔치에 가보니 말이야. 음석을 되우 마이 봐왔더라."

그런데요. '바우다' '바운다'는 말은 아무 경우나 쓰는 말이 아닙니다. 아침밥이나 저녁밥같이 평소에 음식을 준비할 때는 쓰지 않습니다. 잔치나 특별한 행사를 위해 여러 가지 음식을 장만할 때만 '바운다'고 합니다. 위에서 '뿔대지도록'은 '부러지도록'의 방언이고 '마이'는 '많이'이며 '음석'은 '음식'의 방언입니다. '식'을 '석'으로 말하는 사례는 또 있습니다. '곡식'을 '곡석'이라 하고요. '양식'도 '양석'이라고 합니다.

다음은 '앗이다'라는 말입니다. '아시다'라고도 하는데요. 이 말은 이럴 때 씁니다. 예전 집안에 행사가 있으면 두부를 만들거나 묵을 쑤었습니다. 묵의 종류에는 '메밀묵' '청포묵' '도토리묵'이 있습니다. 두부를 만들 때 두부를 '만든다'고 하기보다는 두부를 '앗인다'고 했습니다. 묵을 만들 때도 '묵을 앗인다'고 했습니다. 이 어휘는 '앗다'에서 나온 말인데요. 연질(軟質) 음식을 만들 때만 제한적으로 쓰는 말입니다. 두부나 묵을 만들 때만 쓰고요. 다른 음식을 만들 때는 전혀 쓰지 않는 어휘입니다. 자료를 찾아보니 이 어휘는 북한지역에서도 쓰입니다. 북의 가곡 『꽃 파는 처녀』에 다음과 같은 구절이 있다고 합니다.

"어제 주워 온 도토리까지 합치면 한 말이 넘겠다. 그걸로 묵을 앗으면 몇 사발이나 될까?"

'앗다'라는 어휘는 국립국어원의 『표준국어대사전』에는 없고요. 『우리말샘』에 북한 말로 등재되어 있습니다. 그런데, 국어사전에 어미와 딸을 의미하는 '어이딸'을 찾아보면요. '어이딸이 두부 앗듯'이란 속담이 있습니다. 따라서 '앗다'라는 말은 예전에도 썼고, 지금도 수도권에서 쓰는 말이라고 여겨집니다. 사용 빈도가 낮아졌을 뿐인데, 학자들이 놓쳐 국어사전에 올리지 못했다는 생각입니다.

위와 같은 '앗이다' 말고요. 또 다른 의미의 '앗이다'도 있습니다. '셍기다' '건네다'에 해당하는 의미의 '앗이다'인데요. 누가 어떤 일을 할 때 곁에서 도와주는 일, 어떤 물건을 잇달아 대어 주거나 건네줄 때 '앗인다'고 합니다. 예로, 볏가리를 만들 때 보면 말입니다. 볏가리 위에서 볏단을 받아 쌓는 사람이 있고, 밑에서 던져주는 사람이 있습니다. 그럴 때 밑에서 던져주는 것을 '앗여준다' 또는 '아셔준다'고 합니다. 또, 발로 밟는 탈곡기로 타작할 때, 발로 밟아 벼를 직접 터는 사람이 있고, 곁에서 볏단을 건네주는 사람이 있을 때, 건네주는 것을 '앗여준다'고 합니다. 그 외에도, 경운기나 탈곡기 등 어떤 기계가 고장이 나서 고칠 때, 고치는 사람 옆에서 고치는 사람이 요구하는 공구나 부속품을 건네주는 것도 앗여주는 것입니다.

'바우다'와 앗이다'라는 말은 영동지방 전역과 평창·정선지방에서도 쓰는 말입니다. 다른 지방 사람들로선 '바우다'라는 말도 생소한데요. '앗이다'라는 말은 두 가지 의미로 쓰인다고 하니 헷갈릴 것 같습니다.

2. 벼농사와 날기

 지금 논에 벼가 무럭무럭 자랄 땐데요. 예전엔 벼농사 일이 무척 힘들었지요. 이른 봄부터 논을 갈고 논둑을 발라야 했고요. 4월 초면 볍씨를 담가 못자리를 설치했지요. 1960년대까지만 하더라도 비닐을 씌운 못자리가 아니었고요. 그냥 물못자리를 설치했는데요. 그러다 보니 모가 늦게 자라 6월에야 모를 낼 수 있었지요. 그래서 그 시절 권농일이 6월 10일이었고요. 이모작이나 천수답은 하지 때도 모를 냈습니다.

 그 시절은 일일이 손으로 모를 내다보니 여러 날 걸렸고요. 다리와 허벅지는 물론 허리가 끊어질 듯이 아팠지요. 손톱도 닳아서 손끝이 아팠습니다. 거머리에게 물려서 장딴지에서 피가 출출 흐르는 것은 흔히 있는 일이었지요. 허리를 굽혀 김을 매는 일도 힘든 일이었고요. 피사라도 해야 했습니다. 벼 베기도 온 식구들이 동원되어 낫으로 벴고요. 벤 벼는 논바닥에 깔아 말렸지요. 말린 벼는 지게나

우차로 날라다 쌓았고요. 날을 받아 타작하였지요. 그래서 벼농사는 여든여덟 번 손이 가야 한다고 했습니다.

 세월이 변해 지금은요. 육묘공장에서 모를 기르고요. 승용 이앙기로 모를 내지요. 그러니 5월 말이면 모두 모내기가 끝나고요. 벼를 베는 일과 터는 일도 콤바인이란 기계로 하는데요. 벼를 베면서 바로 털어 미곡종합처리장(Rice Processing Complex)으로 향하니 엄청나게 수월합니다. 그 시절의 벼농사와 지금의 벼농사는 하늘과 땅만큼 차이가 납니다.

 그런데요. 예전엔 타작한 벼를 말리는 일도 작은 일이 아니었는데요. 마당에 멍석을 깔고 그 위에 벼를 펴 햇볕에 말렸지요. 맨발로 멍석에 들어가 벼를 저어주었고요. 밀개로도 저어주었지요. 저녁에는 벼를 멍석 가운데로 모은 다음 접어두거니 처마 밑에 쟁여놨지요. 이슬 때문에 그랬는데요. 다음날 다시 마당에 널었습니다. 벼를 말릴 때 갑자기 비가 오면 낭패였는데요. 재빨리 멍석을 접어서 처마나 헛간으로 옮겨야 했습니다.

 그 시절, 멍석에 말리던 벼를 뭐라고 했는지 아시나요?

옛날 분들은 아시겠지만요, 모르는 분들이 더 많으실 것 같은데요. '날기'라고 했습니다. 그러면 날기의 표준말이 무엇일까요? 국립국어원의 『표준국어대사전』에는 없고요. 「우리말샘」에 '날기'라는 어휘가 올라 져 있긴 한데요. 그냥 '벼의 방언'이라고 하고 있습니다. 저는 국립국어원의 설명에 동의하지 않습니다. 왜냐하면요. 논에 서 있는 벼나 이삭, 또는 벼알을 날기라고 하지 않기 때문이지요. 타작한 벼알을 말릴 때만 '날기'라는 말을 썼지, 말려서 보관하는 벼는 '날기'라고 하는 것을 듣지 못했기 때문입니다.

이와 달리, 평안도에서는 '날기'가 '낱알'을 의미하는 말이라 하고 있습니다, 제주도에선 '볕에 쬐기 위하여 '멍석에 널어놓은 곡식'을 '날래'라고 한다고 합니다. 제주도 방언인 '날래'는 삼척지방의 '날기'와 같은 의미입니다. 국어사전에는 '날기'와 비슷한 용어로 '물벼'와 '우케'라는 어휘가 있는데요. '물벼'는 다 아실 테고요. '우케'는 '찧기 위하여 말리는 벼'라고 하고 있습니다. 날기는 이 어휘들과 비슷하기는 하지만요. 정확히 같은 뜻이라고는 할 수 없습니다. 탈곡했으나 말리지 않은 벼를 '생벼'라고도 하는데요. 우리들이 흔히 쓰는 '생벼'라는 말이 사전엔 존재하지 않습니다. 사전도 이렇게 미흡한 부분이 있습니다.

끝으로, '날기'라는 어휘는 '나락(벼)'과 함께 예전에 흔히 썼던 말로 여겨집니다. 그러나 다른 지방에선 사라지고 강원도 동해안 지방에만 남아 있는 것 같습니다. 문헌에는 안 나오지만 '날기'는 분명히 고어 중의 하나라는 게 저의 생각입니다.

3. 불, 모래불

  삼척의 항구인 정라진에는 '건넛불'이란 지명이 있습니다. 1960년대 초만 하더라도 삼척역 쪽에서 오십천을 가로질러 정라진으로 연결되는 다리가 없었습니다. 단지 동양시멘트 공장에서 항구로 시멘트를 실어 나르는 철 다리가 있었을 뿐이었습니다. 인도가 따로 없었는데요. 사람들은 가솔린차가 다니지 않는 시간을 이용하여 위험을 무릅쓰고 그 위로 통행하기도 했습니다. 여러 길의 높은 다리에다, 강물이 내려다보이는 엉성한 철로 위를 걷다 보면요. 다리가 후들거리고 현기증이 났지요. 고소공포증이 있는 사람은 무서워 엉금엉금 기어서 건너야만 했습니다.

  그러나 그 시절, 편하게 정라진 건넛불로 건너가는 방법이 있었습니다. 고성산 밑 오분리에서 강(江)배라는 나룻배가 있었는데요. 그 배를 타고 오십천을 건너 정라진으로 갔습니다. 뱃삯으로 몇십 원의 돈을 내거나 장작 두 개를 주고 건넜습니다. 재 넘어 맹방, 금계 사람들은 농산물이나 장작, 길비[1]를 이고 지고 한재를 넘었고요. 앞서 말한 강배를 이용해서 정라진 항구에 갔지요. 가져간 물품을 판 돈으로 오징어나 꽁치 같은 어물을 사 왔습니다. 위의 이야기는 60여 년 전의 이야기인데요. 나이 드신 분들은 그때를 기억하실 것입니다.

 이제 '불' '모래불' 이야기를 해보겠습니다. 그 시절, 바닷가 인근의 주민들은 여름철 극성스러운 모기떼를 피해 바닷가 모래불 위에서 잠을 자기도 했습니다. 그걸 '불잠'이라고 했습니다. 또 부녀자들은 삼복이면 바닷물에 들어갔다가 나와서 햇볕에 달궈진 모래를 덮어쓰고 찜질을 했습니다. 그걸 '불찜'이라 했습니다. 요즘 실내에서 즐기는 찜질방이 아무리 좋다고 한들 어디 그 시절 불에서 즐기는 불찜과 비교할 수 있겠습니까? 바닷물 목욕(소금기가 있는 몸)+달궈진 모래+내리쬐는 땡볕의 삼박자 조합이 어우러진 찜질, 그런 자연조건의 찜질에 실내 찜질이 절대 따라 올 수 없습니다.

---

1) 솔가리, 깔비라고도 한다.

그 시절 아이들은 또 불에 있는 해송의 송진을 주워 껌 대신 씹기도 했습니다. 가을이 되어 불에 있는 솔잎이 노랗게 물들어 떨어지면요. 그것을 끌어다가 땔감으로 쓰기도 했습니다. 불과 관련한 어휘는 이 밖에도 더 있는데요. '불콩'이란 것이 있고요. '불기'라는 것도 있습니다. 불콩은 갯완두를 말하고요. 불기는 동해안 연안의 바닷속 모랫바닥에 서식하는 게(蟹)를 말합니다. 밤에 횃불을 들고 바다에 들어가 잡기도 했습니다.

  위에서 여러 차례 '불'이란 어휘가 나오는데요. '불' '모래불' '건넛불' '불잠' '불찜' '불콩' '불기' 같은 말, 말입니다. 이 어휘들의 어두에 있는 '불'은 '모래벌판' '모래밭'을 의미하는 말입니다. 모두 순수한 우리 말입니다. 아주 오래 전부터 써온 말이고 지금도 쓰는 말입니다. 경북 영덕에 '고래불'이란 지명이 있는 것으로 보아 '불'이란 말은 경상도 지방에서도 쓰고 동해안 전 지역에서 쓰는 말로 여겨집니다.

4. 쇵편과 떡 받으러 가기

 얼마 안 있으면 벌초 철이 다가옵니다. 예전 삼척지방의 벌초는 음력 8월 초하루에 시작해서 보름 정도의 기간에 했습니다. 가까이에 있는 산소는 초하룻날에 풀을 내리고요. 먼 곳의 조상 묘들은 추석 전까지 일일이 찾아다니며 풀을 내렸지요. 풀을 내린 다음에는 반드시 준비해 간 제수를 진설하고 차례를 지냈습니다. 벌초 때 묘 앞에서 지내는 차례 물품은 떡과 과일, 채(菜), 포(脯)에 찐 어물과 술이었는데요. 가까운 곳은 함지에 담아 어머니나 누나가 이고 갔고요. 먼 곳은 남정네들이 광주리에 담아서 지고 가서 지냈습니다. 영서지방은 대개 벌초를 하고 그 자리에서 술 한 잔을 붓는 것으로 끝냅니다. 그러나 삼척·동해 지방에선 풀을 내린 다음 가져간 음식으로 반드시 차례를 지냅니다. 영동 영서 간의 풍속 차이 중의 하나입니다.

 벌초 후 차례를 지내는 것 때문에요. 성묘를 갈 때는 꼭 떡을 했는데요. 이때 하는 떡은 쇵편[1]이었습니다. 방앗간에 가서 쌀가루를 내어왔고요. 속 재료는 광쟁이[2]나 햇콩, 볶은 참깨나 볶은 콩이었는데요. 그걸 넣어서 쇵편을 빚었지요. 여분으로 감자쇵편이나 좁쌀떡, 때끼떡[3]도 만들었지요. 조상님 산소엔 흰 쇵편만 올렸지만 나머지 잡곡으로 빚은 떡은 이웃과 나눠 먹기 위해서였지요. 설이나 추석에 하는 떡은 물론 성묘 때 이웃과 나누어 먹는 풍속이 있어서 그랬지요. 성묘 철이 되면 이 집에서 떡 한 대접을 보내오면요. 받은 집에서도 그 그릇에 쇵편을 담아 주었고요. 그렇지 못하면 나중에라도 떡을 돌렸지요.

그 시절은 입쌀이 귀한 시절이라서 이웃에게 입쌀로 만든 이떡[4] 쇵편만 그릇 가득히 채워 보낼 수가 없었습니다. 꿩 대신 닭이라고 부득이 감자떡이나 좁쌀떡같이 잡곡으로 만든 떡을 섞어 담아서 이웃에 돌렸던 것입니다. 마찬가지로 설이나 추석 명절 때도 그랬습니다.

먹을 것이 풍족하지 않은 그 시절, 아이들은 성묘를 지내는 이웃집의 묘소에까지 따라갔습니다. 성묘가 끝나면

---

1) 송편 2) 강낭콩 3) 수수떡. 때끼지(수수)라는 말을 삼척 동해지방에서만 쓰는 특이한 말이다. 4) 입쌀떡. 쌀떡, 잡곡이 아니고 입쌀로 만든 떡을 이떡이라고 한다. 이밥(쌀밥), 이짚(벗집) 등도 같은 유형의 방언이다.

떡을 얻어먹으려고 말입니다. 심지어 성묘객이 많은 공동묘지에는 미리 진을 치고 기다리기도 했는데요. 아이들은 음력 시월의 전사[5] 때도 전사를 지내는 곳으로 몰려갔지요. 내 문중은 물론 남의 문중 전사에도 말입니다. 떡 하나 더 받으려고 걷지도 못하는 아기를 업고 가기도 했습니다. 아기에게도 엄연히 몫이 있기 때문이었지요. 이러한 풍속을 '떡 받으러 간다'고 했는데요. 얻어먹으면서도 받아먹는다고 한 표현이 재미있습니다. 그 시절엔 떡 받으러 가는 것이 흉이 아니었습니다.

특히, 기억나는 시제가 있는데요. 고향의 근덕중학교 옆에 있는 남양홍씨들의 선산 전사인데요. 남양 홍씨들은 입삼척(入三陟)한 지, 육백 년이 넘는 삼척의 명문거족인데요. 홍 씨 문중에서는 매년 전사 때 소를 잡고 찹쌀로 만든 절편으로 시제를 지냈지요. 다른 문중들은 그냥 이 떡 절편으로 시제를 지냈지만요. 남양홍씨 문중에선 그보다 비싸고 고급인 찹쌀로 빚은 인절미로 제를 올렸던 것입니다. 전국적으로 살펴봐도요. 찰떡으로 시제를 지내는 문중이 있을 것 같지 않습니다. 아주 성대하게 거행된 이

---

5) 시제

전사에는 떡을 받으러 온 아이들이 많았습니다. 너무 많이 모여오니 질서유지를 위해 아이들을 일렬로 줄을 세워 앉힌 다음 떡과 고기를 나누어 주었습니다.

모처럼 받아 든 인절미 찰떡은 너무나 고소했고요. 쇠고기 산적 또한 아주 맛있었습니다. 불과 반세기 전만 하더라도 우리는 송편 한 개, 떡 한 조각을 얻어먹으려고 남의 묘소나 공동묘지를 기웃거렸습니다. 요즘 젊은이들로선 상상조차 할 수 없는 이야긴데요. 요즘의 성묘나 시제는 자손들이 오지 않아서요. 종손을 비롯한 몇 사람이 모여 지내고 있습니다. 그 옛날 떡을 받으러 다니던 풍속은 이제 전설이 되어가고 있습니다.

5. 꼴과 꼬질, 그리고 안들메

 아시다시피, 꼴은 소에게 먹이는 풀을 말하는데요. 논둑이나 냇가에서 한 짐 베어다 소에게 주면요. 좋아서 코를 벌름거리며 긴 혀로 휘감아 먹는데요. 예전엔 매일 꼴을 베어야 했는대요. 비가 오는 날도 예외가 아니었지요. 전날에 미리 베어놓거나 잠시 비가 그친 틈을 타서 오랍들이[1]에서라도 베어다 먹여야 했습니다. 소는 농사에 없어서는 안 될 존재이자 재산목록 1호였고요. 식구나 마찬가지였습니다.

 여름철 오후엔 아예 소를 몰고 산으로 갔는데요. 그걸 '쇠멕이러 간다'고 했습니다. 산에 도착하면 뿔에다 고삐를 칭칭 감고요. 그다음 풀어놓으면요. 혼자서 이리저리 다니며 풀을 뜯어먹었지요. 저녁때 집으로 돌아올 땐 소의 배가 뚱뚱해야지, 그렇지 않으면 어른들로부터 꾸중을 들

---
1) 오래뜰, 집주위

었습니다. "돌보라는 소는 안 보고 놀았다"고 말이지요. 그래서 아이들은 소의 배가 덜 불렀다 싶으면 냇가의 물을 잔뜩 먹여서 데려오기도 하였습니다. 여름에 그렇게 먹이는 생풀을 꼴이라 하는데요. 생초가 없는 겨울철엔 마른 볏짚이나 조짚, 콩깍지 같은 것을 먹였지요.

 겨울에 먹이는 농산부산물은 여름처럼 꼴이라고 하지 않고요. 꼬질이라고 하였습니다. 작두로 썰어서 헛간이나 꼬질가리[2]에 보관했고요. 아침저녁으로 삼태기로 날라와서는요. 가마에 넣고 푹 끓여서 먹였지요. 이처럼 삶은 꼬질을 여물 또는 쇠죽이라고 하는데요. 시큼한 냄새가 나는 여물을 구박으로 퍼서 궁이[3]에 옮겼지요. 소가 좋아서 궁이에 고개를 처박고 정신없이 먹었는데요. 그것을 바라보는 주인도 덩달아 흐뭇했지요. 그 시절의 아이들은 몸에 때가 많았는데요. 여물을 끓이는 뜨거운 물에 손발의 때를 불구면요. 잘 불어났는데요. 손등의 덕지덕지 붙은 때나 발뒤꿈치의 꾸둑살[4]도 잘 불어났습니다. 그 시절은 손에 사마귀가 많이 났는데요. 그 사마귀들도 허옇게 잘 불어났습니다.

---

2) 마른 마초를 썰어서 보관하는 가리 3) 구유 4) 굳은살

다시 꼴 이야기로 돌아와, 싸리나 아카시아, 칡잎 같은 것도 소의 먹이이지만요. 꼴 중에는 새꼴이란 것과 안들메란 것이 있습니다. 둘 다 억새 종류인데요. 그런 꼴 중에 소가 가장 좋아하는 꼴이 안들메란 꼴입니다. 말하자면, 소의 이밥에 해당하는 먹인데요. 이 안들메의 표준말은 '기름새'입니다. 새꼴은 억새를 말하는데요. 새꼴은 보기와는 달리 잎이 날카로운데요. 조심하지 않으면 손이 베어지지요. 이와 관련해서 다음과 같은 속담이 있습니다. '새꼴에 자지 벤다'는 속담인데요. '보잘것없는(대수롭지 않은) 것에 혼난다' 또는 '대수롭지 않다고 깔보다간 낭패를 겪는다. 그러니 조심해라'라는 뜻으로 쓰였지요.

위에서 예로 든 꼬질, 꼬질가리, 새꼴, 안들메라는 말은 삼척과 정선 등 강원도 일부 지역에서만 쓰는 말입니다. 사료와 볏짚만으로 소를 키우는 요즘 세상, 아침저녁으로 꼴을 베던 일이 필요가 없게 되었고요. 가마에 여물을 삶던 일, 소를 먹이러 산으로 가던 일도 이제 옛날이야기가 되었습니다.

6. 자부름

 전통 농경사회인 1960년대까지만 하더라도 농촌에선 길쌈을 많이 했는데요. 매년 말복 무렵이면 아버지께서 영세[1]인 하장이나 정선에 가셨는데요. 거기서 삼(大麻)을 해오셨지요. 그걸 둥쳐서 천장에 매달아 놓고는요. 동삼 내내 삼았지요. 삼을 삼는 일은 어머니의 몫이었는데요. 어느 날 초저녁, 이웃에 사는 아제가 물에 축인 삼 그릇과 쳇바퀴를 드시고 우리 집에 오셨는데요. 어머니와 아제는 사촌 동서지간인데요. '아제'라는 말은 당숙모뻘 되는 사람을 지칭할 때 쓰는 말입니다.

 어머니와 아제, 두 동서가 고뱅이[2]를 젖혀놓고 삼을 삼으셨는데요. 저는 옆에서 공부를 했고요. 아홉 시쯤 되었을까. 아제가 앉은 채로 꾸벅꾸벅 조셨는데요. 제가 "아제요!"하고 깨우면요. "응! 내가 자불었네."라고 하시며 다시

---

1) 영서(嶺西) 2) 무릎

삼을 삼으셨습니다. 그러나 잠시뿐이었고요. 또다시 조셨지요. 결국에는 쏟아지는 참을 참지 못하시고요. "쿨쿨" 소리까지 내시며 드러누우셨는데요. 자정 무렵에 일어나셔서 집으로 가셨지요. 아제는 초저녁잠이 많아서 그러셨던 것입니다.

위에서 '자부다' 또는 '자불다'라는 말이 나오는데요. 지금도 흔히 쓰는 말입니다. 이 어휘는 '졸다'의 방언입니다. '자불리다'라고 하면 '졸리다'라는 말이고요. 눈이 자꾸 감길 때를 '자부릅다' '자부릅다' 또는 '자부름이 온다'라고 말합니다. 또, '자불고 있다'는 '졸고 있다'는 말이고요. '졸림'은 '자부름' 또는 '자불음'이라고 하지요. 이 외에도 '졸려'는 '자부르와(자부루와)' 또는 '자부로와(자부롸)'라고 하는데요. 아예 누워서 잠을 자는 것은 '잠(을) 자다'라고 하지, '자불다'라고는 하지 않습니다.

자부름 이야기를 하다 보니요. 바다의 '게(蟹) 생각이 나는데요. 예전 여름밤, 소깽이[3]불을 해 들고 바다에 들어가 기[4]를 잡았는데요. 삼척지방에선 바닷가 모래 속에 사는

---

3) 관솔 4) 게(蟹)

게를 '불기'라고 했는데요. 삶은 다음 기빡데기[5]를 젖혀보면 말입니다. 양쪽에 빗살 모양의 가지런한 깃털이 보이는데요. 게의 아가미(gills)로서, 이것도 '자부름(자불음)'이라고 했지요. 어른들은 그걸 먹으면 '자부름이 온다'고 하면서 먹지 말라고 했지요. 토종 상추인 불기를 많이 먹어도 잠이 온다고 했습니다.

다시 길쌈 이야기로 돌아가서, 길쌈은 많은 인내를 요하는 가내수공업인데요. 앞니로 삼을 쪼개 고뱅이에 대고 문질러 이었고요. 사려서 다듬잇방망이에 뭉친 다음 꾸리를 만들었고요. 그것을 풀어 다시 물레로 자아 타래를 만들었지요. 그다음 양잿물로 삶아 희게 했고요. 말린 다음 다시 풀어서 풀을 먹여 날아서 베틀에 올렸지요. 그 옛날 어머니들은 단오 무렵까지 베를 짰는데요. 공들여 짠 베를 팔아 자식들 공부를 시켰고요. 살림 장만을 했지요. 그렇게 고생하신 어머니, 초저녁잠이 많으셨던 아제도 이제는 저세상으로 가시고 아니 계십니다.

---

5) 게딱지, 게의 등딱지

7. 산골짜기 논의 귀애

 귀애? 나이 드신 분들도 오랜만에 들어보는 말이라고 할 것 같습니다. 귀애는 우리들의 앞 세대 어른들의 한(恨)이 깃든 농경 시설입니다. 식량이 부족하던 시절, 잡곡도 배불리 못 먹던 시절이 있었는데요. 그 시절, 사람들은 하얀 이밥을 먹어보는 것이 소원이었지요. 그래서 산골짜기 냇가에 논으로 개간할 수 있는 조그만 땅도 모두 논으로 일궜습니다. 중장비도 없던 시절, 괭이와 호미로 돌과 자갈을 골라냈고요. 상류로부터 물을 끌어오는 도랑도 인력으로 만들었습니다. 그런데요. 여건상 도랑을 설치할 수 없는 곳이 있는데요. 그런 논은 부득이 나무로 만든 도랑이 필요했지요. 심지어 어떤 경우는 개울 건너편에서 공중으로 물을 끌어와야 했었지요.

 지금같이 고무로 된 호스나 플라스틱 관(管)이 있었다면요. 그것으로 물을 댈 수 있었지만요. 예전엔 그런 물품들이 없었지요. 그래서 궁여지책으로 생각해 낸 것이 곧게 자란 소나무에 홈을 파서요. 도랑으로 사용하는 것이었습니다. 그걸 '귀애'라고 했습니다. 귀애를 만들자면 여러 공정이 필요했는데요. 산에서 매끈한 소나무 여러 대를 베어왔고요. 톱과 자귀, 끌, 망치와 같은 연장을 이용해 통나무 속을 파서 홈을 냈지요. 그런 통나무를 여러 개 이어서 물을 댔는데요. 먼 곳으로부터 물을 끌어올 경우의 귀애는 100~200m나 되는 것도 있었고요. 개울 건너편에서 개울을 가로질러 공중으로 건너오는 귀애는 5m에서 20m 정도 되는 것도 있었습니다.

귀애는 늘 젖어 있고 햇볕에 노출되어 있어서요. 썩기 때문에 5년 정도 지나면 다시 만들어야 했지요. 다음은 귀애와 관련한 글로 『삼척민속지 2집, 원덕사람들의 삶과 문화』 59쪽에 나오는 내용입니다.

> "소나무를 깎아서 만든 귀애가 아직도 쓰이고 있다. 귀애는 논에 물을 대기 위한 수로로 소나무에 홈을 파서 만든 것이다. 귀애를 만드는 재료로는 소나무가 제일 좋은데, 건조도 잘 되고 물을 잘 먹는다."

위의 민속지에 보면, 원덕읍 이천1리 골짜기에 '1990년대 말에도 귀애가 사용되고 있다'고 하고 있습니다. 자료 사진에는 이천1리 상서기와 노곡3리 절골의 귀애 사진이 있습니다. 쌀이 남아도는 시대, 이농과 농촌의 고령화로 골짜기 논이 모두 묵논이 된 상황에서 이천리 상서기 골짜기의 귀애가 지금까지 사용되는지가 궁급합니다. 아마 없어졌을 것으로 여겨집니다.

 어떻든, 우리 조상들은 이밥을 먹어보려고요. 피땀 흘려 산골짜기 생땅을 개간해 논을 만들었고요. 통나무로 된 인공 도수로를 이용해 벼농사를 지었습니다. 조상들의 지혜와 애환이 서려 있는 다랑논과 귀애, 30여 년 전까지만 해도 우리 주변에서 흔히 볼 수 있던 풍경이었는데요. 이제 세월 저편으로 사라졌습니다. 속이 썩어서 구멍이 생긴 나무를 귀새라고 하고요. 나무로 만든 굴뚝, 구새통을 구새라고 하는데요. '귀애'는 그 말에서 연유된 것으로 여겨집니다.

8. 깍지를 만드시던 할아버지 추억

예전 제가 살던 고향 마을에 재주가 많으신 할아버지가 계셨습니다. 친구 할아버지신데요. 농업이 주업이었지만요. 다양한 재주가 있으셨습니다. 먼저, 농기구를 벼리는 베름간[1]을 운영하셨는데요. 호미나 낫, 괭이를 만들어 파셨고요. 동네 사람들이 닳은 농기구를 가져오면 벼려주시기도 하셨습니다. 향교에 출입하시는 장의(掌儀)이셨고요. 의사(?) 역할도 하셨는데요. 손수 만드신 침으로 아픈 사람들에게 침을 놓아주셨지요. 특히, 팔다리를 제부뜨린[2] 사람에게 침을 놓으면요. 검붉은 피가 나오면서 금방 부기가 빠졌습니다. 부기를 낮추는데는요. 침이 탁월한 효과가 있다는 것을 그때 알았습니다.

또, 손수 만든 쇠집게로 이빨을 빼주시기도 하셨습니다. 그 시절은 위생 상태가 나빠서 아이들 잇몸이 짓무르는

---

1) 대장간 2) 접질린. 접지른

병이 많았는데요. 그런 아이들도 치료해 주셨습니다. 할아버지는 화로에다 깡통을 얹어 놓고 개기름을 끓이셨고요. 그 기름을 솜방망이 젓가락에 묻혀서는요. 아이 잇몸을 인정사정없이 마구 지졌습니다. 아이는 자지러지며 아파했지만요. 며칠 지나면 빨갛게 새살이 돋아나며 아물었습니다. 할아버지께서는 앞바다에 그물을 쳐서 송어나 가자미, 광어, 게를 잡기도 하셨습니다.

농한기인 겨울엔 깍지를 만들어 파셨습니다. 할아버지는 대나무를 쪼개어 다듬은 다음 그걸 화로의 은근한 불에 대고 갈고리 모양으로 훑궜습니다.[3] 그렇게 훑군[4] 댓가지를 부채꼴 모양으로 엮으면 깍지가 완성되었는데요. 할아버지께서 만드신 깍지는 세 종류였습니다. 가장 큰 (넓은) 깍지는 해송이 있는 불[5]에 깔비[6]를 끄는 용도였습니다. 가을이 되면 바닷가 방풍림 땅에는 바닥이 보이지 않을 정도로 많은 양의 깔비가 떨어졌는데요. 그 깔비를 끄는 데는 넓고 큰 깍지가 필요했지요. 한꺼번에 많은 양을 끌 수 있어 좋았습니다.

중간 크기의 깍지는 보리나 벼, 콩 마딩이[7]를 할 때 쓰는 농사용 깍지인데요. 마딩이를 하는 중간중간에, 바닥에

---

3) 휘었습니다 4) 휜 5) 모래벌판 6) 솔가리 7) 마당질, 타작

쌓인 곡식을 헤쳐내거나 검불을 끌어내는 용도의 깍지지요. 세 번째 종류의 깍지는요. 산에 갈비[8]나 낙엽을 끄는 용도인데요. 이 깍지는 앞의 두 종류보다 댓가지가 짧고 굵은데요. 앞의 종류보다 더 튼튼하게 만들었습니다. 왜냐하면, 산은 표면이 울퉁불퉁한 데다 나무뿌리나 크고 작은 돌이 있어서요. 깍지가 튼튼하지 않으면 금방 부러져 못 쓰게 되었기 때문입니다. 그래서 여느 깍지보다 댓가지가 굵고 튼튼하게 만들었습니다. 할아버지께서 만드신 깍지는 아주 인기가 좋았습니다.

위에서 여러 번 언급한 깍지는 깍찌라고도 하는데요. 깍지의 표준말은 갈퀴입니다. 사전에는 갈퀴를 '검불이나 곡식 따위를 긁어모으는데 쓰는 기구. 한쪽 끝이 우그러진 대쪽이나 철사를 부챗살 모양으로 엮어 만든다.'라고 되어있습니다. 세월이 변해 이제는 플라스틱이나 철사로 만든 깍지만 있을 뿐이고요. 그 옛날 댓가지로 된 깍지는 볼 수가 없습니다. 할아버지께서는 오래전 돌아가셨고요. 전국의 죽세공 기술자도 다 돌아가셔서요. 이제는 대나무 갈퀴 제작 기술의 맥도 끊어진 것 같습니다.

---

8) 솔가리

9. 놋그릇과 재깨미

 이제 얼마 안 있으면 설이 다가오는데요. 아시다시피, 설은 추석과 함께 우리 민족의 최대 명절인데요. 섣달그믐쯤이면 설을 날 어물을 사다 말렸고요. 흙으로 된 구들과 벽석[1]은 맥질을 했지요. 또, 방안의 대자리를 걷어서 작대기로 툭툭 털어 청소했고요. 어머니는 도장에 잠자고 있던 놋그릇을 꺼내 닦았는데요. 제사나 큰일이 있을 때도 놋그릇을 꺼내 닦았습니다. 놋그릇 같은 기명은요. 때가 잘 끼는 단점이 있는데요. 놋그릇에 이밥을 담아두면요. 몇 시간 안 가서 그릇 안에 밥알 자국이 생기는데요. 그만큼 놋쇠는 독이나 이물질에 민감하지요. 그래서 놋그릇은 친환경 그릇인데요. 조상님들이 쓰던 그런 좋은 그릇을 우리는 다 버렸습니다.

 예전 놋그릇을 닦을 때는요. 부엌의 재나 '재깨미'라는 것을 볏짚에 묻혀서 닦았습니다. 그릇을 닦는 일은 어머니와 누나들의 몫이었는데요. 명절이나 제사 때가 되면 놋그릇을 닦느라고 고생이 많으셨지요. '재깨미'라는 것을

---
[1] 벽

잇짚[2]에 묻혀서 박박 치대며 닦았는데요. 반짝반짝 윤이 나는 놋그릇은 보기에도 좋았습니다.

 그런데요. '재깨미'는 독이 있어 조심해야 했습니다. 어쩌다 어린아이의 고추에 묻으면요. 세가 나서 퉁퉁 부었습니다. '재깨미'라는 말은요. 삼척지방의 사투리인데요. 표준말은 '기왓개미'입니다. 기왓장을 빻아서 만든 가루인데요. 재깨미의 '재'는 '기와'의 방언이고요. '깨미'는 '개미'의 센말입니다. 사전에서 '개미'라는 말을 찾아봤는데요. 연줄을 질기고 세게 만들기 위하여 연줄에 먹이는 물질이라고 하고 있고요. 사기나 유리의 고운 가루를 부레풀에 타서 끓여 만든다고 하고 있습니다. 따라서 '재+개미'가 '재깨미'라는 말의 원형이라고 할 수 있습니다.

 연 이야기가 나왔으니 하는 말인데요. 예전에는 연을 많이 날렸습니다. 연은 두 종류가 있었는데요. 직사각형의 방패연, 마름모형으로 긴 꼬리가 달린 가오리연입니다. 주먹만큼 작게 보일 정도로 아주 멀리, 높이 날리기도 했지요. 그렇게 연이 하늘 높이 올라간 것을 '공그랗게 올라갔다'라고 했는데요. '공그랗다'라는 말도 삼척지방의 방

---
2) 볏집

언이지요. 연을 날릴 땐 바람의 세기에 따라 연자새[3]를 감고 늦추는데요. 그렇게 하다 보면 금방 시간이 가지요. 연줄을 맞대고 연싸움을 하는 이야기는 앞에서 다루었고요. 연줄이 끊겨 산 너머로 너풀너풀 힘없이 날아가는 내 연을 보면요. 속이 많이 상했지요. 그 연을 찾으러 보리밭을 지나 산등강[4]으로 치 뛰던 게 엊그제 같습니다.

다시 그릇이야기로 돌아와서, 세월이 변하면서 가정에서 사용하는 그릇도 바뀌었습니다. 놋대접, 놋젓가락, 놋양푼까지 죄다 엿장수에게 주고 엿을 바꿔 먹은 지 오래고요. 그 후 가벼운 양은그릇으로 대체되었다가요. 또 조금 지나 녹이 안 나는 스테인리스 그릇으로 바뀌었고요. 그 시절 어머니들은 반상기 계를 들어 스테인리스 그릇을 장만하기도 했지요. 지금도 스테인리스 그릇을 쓰는 가정이 있기는 하지만요. 사기그릇을 사용하는 게 요즘의 대세입니다. 이제 놋그릇을 사용하지 않으니 '재깨미'라는 말도 과거 속의 말이 되고 말았습니다. 명절이 다가오니요. 어머니와 누나, 여동생이 팔을 걷어붙이고 놋그릇을 닦던 모습이 눈에 선하네요. 가난하게 살았어도 그때가 좋았다는 생각을 지울 수가 없네요.

---

3) 얼레 4) 산등성이

10. 쎄겡이와 쎄가리

　지금은 구경하려고 해도 할 수 없지만요. 1960년대까지만 하더라도 이가 많았습니다. 몸엔 하얀 이, 머리숱엔 검은 색깔의 이가 꾀었지요. 이는 여름철보다 겨울에 더 심했는데요. 여름엔 얇은 옷을 입으니 덜 했고, 겨울엔 여러 겹의 옷을 입다 보니 더 많이 번식했던 것이지요. 벌건 대낮에 겨드랑이나 등짝이 가려울 때가 있었는데요. 가려운 곳에 손을 넣어보면요. 거짓말을 조금 보태 보리알같이 굵은 이가 만져지기도 했지요.

　교실에서 공부할 때도 느닷없이 출몰하기도 했는데요. 등짝의 검은 교복 위로 어슬렁거리며 기어갈 땐 뒷좌석의 친구들이 킥킥거리며 웃었지요. 개망신도 그런 개망신이 없었는데요. 그 시절, 병영생활을 했던 군인들도 예외가 아니어서 이 때문에 고생이 많았지요. 겨드랑이 밑에 DDT라는 약주머니를 차고 다니기도 했습니다.

　이번에는 이를 잡던 이야긴데요. 동지섣달 긴긴밤이 되

면요. 희미한 등잔불 밑에서 소탕 작전을 벌였지요. 내복을 홀랑 벗은 다음 뒤집어 놓고 뒤졌는데요. 각개전투에서 낮은 포복을 하듯이 샅샅이 살폈지요. 아래 내복은 사타구니 주변의 솔기, 윗옷은 겨드랑이 주변의 솔기를 중점적으로 수색했는데요. 보리알같이 굵은 녀석이 있었고요. 중간치, 새끼 녀석들도 보였고요. 슬어 놓은 알도 보였지요. 양쪽 엄지손톱을 대고 눌러 잡았는데요. 그렇게 소탕 작전을 반복하다 보면요. 손톱이 벌겋게 물들기도 했지요. 또 다른 방법으로, 화형(火刑) 방식이 있는데요. 아예 화로 위에다 내복을 펼쳤지요. 뜨거운 열기 때문에 녀석들이 줄행랑을 쳤는데요. 하지만 독 안에 든 쥐였지요. 잡힌 포로들은 인정사정없이 화로에 던졌습니다. 그들은 뜨거운 불 속에서 "툭 툭" 둔탁한 소리를 내며 장렬하게(?) 전사했습니다. 방안에는 고약한 냄새가 넘쳐났습니다.

다음은 옷 솔기에 붙어있는 쎄겡이를 소탕할 차롄데요. 드문드문 있는 놈들은 손톱으로 눌러 잡았고요. 다닥다닥 붙어있는 녀석들은 아예 옷을 뒤집어 솔기를 질근질근 씹었지요. 그럴 땐 옷이 찝찔하게 느껴졌는데요. 내복에 밴 땀 때문이었지요. 쎄가리를 소탕하는 방식에도 화공(火攻)방식이 있었는데요. 화롯불 불덩이나 등잔불에 솔기를 대면 쎄가리들이 "타다닥, 탁" 소리를 내며 전사했지요. 그럴 땐 옷이 눌는 냄새가 났고요. 솔기가 조금 그슬리는 것쯤은 감수해야 했습니다.

또 다른 방식으로, 동사(凍死) 직전도 있는데요. 겨울철, 이가 얼어 죽으라고 속내의를 벗어 한데에 두었지요. 앞에서 말한 DDT라는 가루약을 몸에 바르는 것도 한 방법이었습니다. 이렇게 다양한 방법을 동원해도요. 효과는 잠시뿐이었고요. 소용이 없었습니다. 머릿속이나 이불에 숨어있던 녀석들이 잽싸게 옮겨붙었고요. 다른 사람 몸에 있던 녀석들이 옮겨와 번성하고 또 번성했기 때문입니다. 앞에서 말한 이야기는 참으로 비위생적 이야긴데요. 나이 드신 분들은 공감하시겠지만, 요즘의 젊은이들에겐 생소한 이야기로 들릴 것입니다. 그러나 불과 60년 전, 할아버지와 부모님 세대들은 그런 고난을 겪었지요. 우리는 오늘날 보건 강국, 세계 10대 경제 대국을 이룩했습니다. 위에서 말한 '쎄겡이'와 '쎄가리'는 이의 알인 '서캐' 또는 '어린 이 새끼'를 이르는 방언입니다.

11. 돌이 오줌을 싸는 영서 땅

아시다시피, 삼척의 하장면이나 정선, 임계 같은 곳이 영서(嶺西)지방인데요. 옛 어른들은 태백준령 너머의 지역을 영서라고 하지 않고요. 영세라고 했지요. 말복이 지나면 영(嶺) 아래 사람들은 걸어서 영세에 삼(대마)을 하러, 삼을 사러 갔지요. 지금은 교통이 좋아져서 댓재나 백복령 고개를 자동차로 쉽게 넘나들지만요. 반세기 전만하더라도 교통이 나빠서 걸어서 넘었습니다.

예전, 영동·영서로 왕래가 쉽지 않았는데요. 영서 사람 중엔 평생 바다를 구경하지 못한 사람도 있었다는데요. 그들은 다음과 같이 말했다고 합니다.

"그깐느므[1] 바다가 넓다고 한들 우리 집 삼밭만큼 크겠나?"

우스갯소리지만, 그만큼 삼을 많이 재배하였다는 뜻도

---
[1] 그까짓, 그까짓 놈

됩니다. 예전의 하장 지방은 옥수수나 귀리가 주 작물이었고요. 콩이나 메밀같이 소득이 낮은 작물을 심어 먹었습니다. 기온이 서늘해서 따뜻한 지방의 작물을 재배할 수 없었기 때문이지요. 세월이 변해 지금은 고랭지채소에다 산채, 풋고추, 토마토, 여름딸기, 사과 같은 작물을 재배합니다. 품질이 매우 좋아 소비자들로부터 인기가 좋은데요. 그 때문에 고소득을 올리는 농가들이 많습니다. "산이 산중이지, 사람조차 산중이냐"라는 말이 있는데요. 이제는 영세 사람들이 더 이상 촌사람이 아닙니다. 오히려 영(嶺) 이래 사람들보다 더 잘 삽니다.

영세농사는 다음과 같은 특징이 있습니다. 평평한 땅도 조금 있긴 하지만요. 돌이 많은 비탈밭이 많지요. 영세 땅을 모르는 사람들은 "저런 돌밭에서 무슨 농사가 되겠나?"라고 하며 우습게 보기도 하는데요. 실은 농사가 더 잘 되지요. 우선, 지대가 높다 보니 여름철 기온이 선선합니다. 그런 데다 밤과 낮의 일교차가 큽니다. 낮에는 뜨겁다가도 밤에는 기온이 뚝 떨어집니다. 그런 곳의 농산물은 평지에서 생산된 농산물보다 품질이 월등히 좋습니다. 양분 축적이 많고 당도도 높을 뿐만 아니라, 향도 더 진하고 보관 기간도 더 깁니다.

돌밭도 농사에 장점으로 작용합니다. 낮에 햇볕을 듬뿍 받아 단 돌, 그 열기는 땅속의 뿌리 발육에 도움을 주고요. 밤에 돌이 식으면요. 이번에는 공기 중의 수증기가 돌에 달라붙게 되는데요. 아침에 밭에 나가보면요. 돌이 흥건히 젖어 있는 것을 볼 수 있습니다. 옛날 사람들은 이것을 "돌이 오줌을 싼다"고 했습니다. 밤마다 맺히는 이슬이 가뭄이 덜 가게 하는 데 도움이 되기도 하였지요.

 위와 같은 이유로 영서지방의 고랭지 배추는 고소하고요. 풋고추나 토마토, 산나물도 품질이 우수하지요. 그래서 도매시장이나 대형할인점으로 출하되어 최고 가격을 받는데요. 앞으로 탄소배출을 줄이지 않고 2090년대가 되면요. 동해안이나 남쪽 지방은 아열대기후에 가깝게 될 예측인데요. 그러나 태백준령 지역만 준고랭지 기후를 유지한다는 전망입니다. 하장 지방은 지금도 여름철 피서지로 그만인데요. 청정한 자연환경 때문에, 또 지구온난화가 되면 될수록 더욱 가치가 높아질 지역이지요. 그래서 영서 땅은 복 받은 땅이자 미래의 땅입니다.

 영서지방은 위와 같은 지리적·기후적 특성을 장점으로 이용하여 소득향상으로 연결해야 하는 숙제를 안고 있기도 합니다. 그런데 외지의 사람들을 불러들이자면요. 하장면만의 특별한 것을 개발해야 하는데요. 하장 지방에는 토종갓, 토종갓김치, 갓김치만두, 강냉이엿술과 귀리 술, 귀리떡 등 옛 어른들이 즐겨 먹었던 음식들이 많습니다. 이 음식들을 향토 음식으로 육성하면요. 대박이 날 것 같습니다. 토종갓김치는 홍보만 잘하면요. 돌산갓김치를 능가할 수 있고요. 귀리는 타임지가 선정한 10대 건강식품인데요. 귀리를 상품화하는 노력이 필요하고요. 곁들여 옛 산촌의 풍속·풍물도 관광 자원화하는 대책이 필요합니다.

12. 남의 소를 대신 키워주는 '쉬침'

예전 농경사회에서는요. 소가 아주 소중한 가축이었습니다. 논밭을 갈거나 농산물을 운반하는 데 없어서는 안 될 존재였지요. 송아지를 낳으면 집안의 경사였고요. 소를 길러 팔면 큰돈을 만질 수가 있었습니다. 예전, 여러 마리의 소를 가진 부잣집은 소가 없는 사람에게 소를 빌려주어 대신 키워 달라고 하였습니다. 소가 없는 농가는 송아지나 중소를 가져와 24개월 동안 먹여주고 길러주었지요. 처음 낳은 송아지는 주인에게 돌려주고요. 다음에 낳은 송아지는 기른 사람이 가졌습니다.

이러한 방식으로 소를 사육하면요. 빌려준 사람이나 빌린 사람 모두 이익이었지요. 소를 빌려준 주인은 자신이 직접 기르지 않고도 2년 안에 큰 소로 만들 수 있었고요. 게다가 송아지까지 얻을 수 있었지요. 대신, 키워주는 농가는 빌린 소로 일소로 부려 먹고요. 똥오줌을 밟혀 농사에 필요한 거름을 얻을 수가 있었지요. 24개월만 참으면 송아지 한 마리가 생기는 이점이 있었습니다. 윈(win)·윈(win), 누이 좋고 매부 좋기였습니다. 이렇게 소를 빌려주고 먹여주는 이야기가 삼척의 민속지에 나오는데요. 다음은 삼척시 노곡면 여삼리 입시터에 사시는 분의 이야기입니다. 삼척문화원에서 발행한 『노곡 사람들의 삶과 문화』 240쪽에 다음과 같은 내용이 있습니다.

> "남의 소를 대신 키워주는 것을 '쉬침'이라 하고 '삯소'라고도 한다. 24개월 먹여주고 송아지 낳은 것을 받았다. 소가 새끼를 못 낳으면 주인이 물려줘야 한다. 암소가 24개월 만에 보통 두 마리를 낳는데, 먼저 낳은 새끼는 주인이 갖고 나중에 낳은 것을 기른 사람에게 준다."

위에서 보듯이, 남의 소를 가져다가 길러주고 송아지를 나누는 것을 '쉬침'이라고 하고 있습니다. 사람에 따라 '쉬침이'라고도 하지요. 그런데요. 60여 년 전 제가 중학교에 다닐 땐데요. 영어 선생님께서도 '쉬침'과 관련한 말씀을 하셨습니다. 대충 내용은 다음과 같습니다.

> "남의 집에 쉬침이를 주고도 그 소가 잘 크나 하고 몇 번씩 가보면서, 제 자식을 학교에 보내놓고도 졸업할 때까지 한 번도 안 오는 학부모가 있다."

위와 같이 말씀하시면서 불만 아닌 우스개 말씀을 하시는 것을 들은 적이 있습니다. 요즘 학부모들은 선생님과 잘 소통하지만요. 예전 부모님들은 그렇지 못했습니다. 가을운동회 날을 제외하고는 학교에 가지 않았습니다. 농사에 바쁘거나 생업 때문에 그러했는데요. 실은, 그 시절의 학부모들은 선생님에 대한 존경심이나 신뢰가 높았기 때문입니다.

다시 본론으로 돌아가서, '쉬침' '쉬침이'라는 말은 삼척지방에서만 쓰는 독특한 말입니다. 제가 다른 지방에선 어떻게 말하나 하고 확인해 봤지요. 그랬더니 평창 지방에선 '병작(竝作)소' 또는 '반지기소'라고 하는데요. 반지기는 반작(半作)의 방언입니다. 강릉이나 정선지방에선 '그루소' 또는 '그리소'라고 한다고 합니다. 이 말들 모두 국어사전이나 방언사전에서 찾아볼 수 없는데요. 이 말들의 표준말은 '배내' 또는 '배냇소'입니다. 예전, 한 지붕 아래에서 식구처럼 살던 소, 큰 눈망울의 소가 눈에 선합니다.

13. 지난 시절의 정낭 풍경

　지금은 대소변을 보는 공간을 화장실이라고 합니다. 그러나 예전엔 뒷간이라 하거나 똥시깐·통시깐(桶屎間)·측간(廁間)이라고 하였고요. 근현대에 와서는 변소(便所)라고 하였지요. 강원도 영동지방에서는 이곳을 '정낭' 또는 '똥정낭'이라고 하였는데요. 산중 쪽에선 잿간이 정낭이기도 했습니다. 잿간 정낭에는 달랑 두 개의 디딤돌만 있었고요. 그 위에 쪼그려 앉아 용변을 보았지요. 내 몸에서 분리된 물질은요. 재를 묻혀 쌓아두었다가요. 걸금[1]으로 사용했습니다.

　이와 달리 그 시절 보통의 변소는요. 땅에 네모난 구덩이를 판 다음 시멘트를 발라 만들었고요. 그 위에 널을 댄 공간이었는데요. 그 널 위에 쪼그리고 앉아 일을 보아야 했지요. 널 구멍을 잘 조준해서 일을 보아야지, 정조준이

---

1) 거름

안 되면 낭패였는데요. 널빤지에 묻었다 이 말씀입니다.

  여름철 정낭 풍경입니다. 우선, 심한 악취가 났고요. 구더기와 파리가 득실거렸지요. 그런 못된 놈들을 소탕하려고요. 이따금 할미꽃 뿌리를 짓찧어서 뿌렸는데요. 효과는 잠시뿐 또 번성해서 버글거렸지요. 놈들을 씨몽살이[2] 시킨다는 것은 애당초 불가능한 일이었습니다. 그 녀석들은 가을까지 계속 번성했는데요. 어떨 땐 긴 꼬리가 달린 흉측스러운 녀석들이 정낭 밖으로 기어 나와 어슬렁거리기도 했지요. 그런 놈들은 얼마 안 있어 날개를 달고 사람 곁으로 올 놈들이지요.

  정낭은 겨울에도 문제였는데요. 바람막이가 제대로 안 되어 있어 통 바람이 들어왔지요. 일을 볼 때 궁둥이가 시렸고요. 식구들이 낙하시킨 그것들이 층층이 쌓여 얼었지요. 따바리[3]를 틀어 쌓인 탑, 마침내 궁둥이를 찌를 지경에 이르는데요. 그럴땐 탑을 조금 비켜서 일을 봐야 했고요. 그래도 안 될 정도면요. 작대기로 떠밀어 뭉갰습니다. 그런데 그게 그리 쉽게 뭉개지는 것이 아니었는데요. 왜냐하면 꽁꽁 얼어있기 때문이었지요.

---

2) 몰살. 씨가 마를 정도로 죽인다는 말이다. 3) 똬리

일을 본 다음 뒤처리는 어떻게 했나요? 그 시절엔 종이가 귀해서요. 호박잎이나 갈잎, 칡잎으로 처리했고요. 대개는 볏짚을 똘똘 말아 사용했지요. 그러다 보니 밑구멍 주위에 상처가 나서요. 치질로 고생하는 경우가 많았습니다. 1960년대쯤부터는 종이 형편이 좀 나아져서요. 신문이나 헌책, 다 쓴 공책을 찢어 사용했지요. 그것도 온 장이 아니고요. 네 등분을 하여 손바닥 크기만도 못한 걸로 사용했지요. 그런데 요즘은 어떤가요? 부드럽고 부드러운 두루마리 종이가 넘쳐나는 세상인데요. 지금의 젊은이들로선 제 말을 이해하지 못할 것 같습니다.

 겨울철이 되면요. 정낭에 쌓인 물건을 퍼내 보리밭에 뿌렸는데요. 그럴 땐 온 동네에 쿤내[4]가 진동했지요. 지금 그런 냄새가 주변에 풍긴다면요. 대번에 민원이 들어갈 겁니다. 하지만, 그때는 아무 문제가 되지 않았는데요. 당연히 감수해야 할 일로 여겼습니다. '정낭과 사돈집은 멀수록 좋다'는 속담이 있었고요. '정낭에 갈 때 마음과 올 때 마음 다르다'는 속담도 있었지요. 우리는 지금 따뜻한 실내에서 편하게 일을 보는데요. 고속도로 휴게소를 비롯

---

4) 구린 냄새

한 전국 어디를 가도요. 마카⁵⁾ 수세식이어서요. 너무나 깨끗하고 편합니다.

그런데, 중국이나 동남아를 여행하다 보면요. 아직도 우리들의 1960년대 시절보다 못 한 시설을 목격하게 되는데요. 유럽의 선진국도 공공화장실이 제대로 없거나 돈을 내야만 일을 보는 불편을 겪습니다. 우리나라는 지금 세계 최고 수준의 화장실 문화를 자랑하고 있습니다. 이제 잿간, 통시깐, 정낭, 똥정낭이란 말은 사라진 지 오래고요. 변소라는 말도 한 십 년쯤 지나면 그렇게 될 것 같습니다. 위에서 말한 정낭은 한자에서 유래된 '淨廊'이라는 것이 제 생각입니다. 너무 장황하게 지저분한 이야기를 해서 죄송합니다.

---

5) 모두

14. 잿봉이와 왁달계

　옛날 전통 방식의 혼례 때요. 신부는 가마를 타고 시집을 갔고요. 신랑은 나귀나 말을 타고 갔는데요. 신부가 오줌이 마려우면 가마 안에서 일을 보라고요. 가마 안에 요강을 넣어주었답니다. 그 시절, 초례는 신붓집 마당에서 치렀는데요. 동네 사람들이 모두 모여 구경했지요. 새신랑이 초례상으로 걸어 들어갈 때 말이래요. 동네 청년들이 재(灰)를 종이에 싸서 던졌지요. 그걸 '잿봉다리' 또는 '잿봉이'라고 했는데요. 짓궂은 사람은 잿봉다리에 모래나 고춧가루를 섞어서 던지기도 하였고요. 더 심하게는 삼태기에 재를 담아 신랑 머리 위에 내리붓는 사람도 있었지요. 옛날 혼례식에는 그렇게 우악한 장난도 했었습니다.

　세월이 흘러 지금은 구식결혼식 모습을 볼 수가 없는데요. 간혹 향교 같은 곳에서 전통혼례식을 올리는 경우가 있긴 한데요. 그 시절 연분홍 옷에 연지·곤지, 족두리를 쓴 신부의 모습은 참 고왔고요. 사모관대를 한 신랑도 의젓했지요. 그 옛날 초례상에 마주 보고 서서 집사의 홀기(笏記)에 따라 맞절을 올리고 술잔도 나누는 모습이 눈에 선한데요. 이러한 전통 혼례는 1970년대 초까지만 하더라도 흔히 볼 수 있었는데요. 이제는 추억 속의 풍경이 되고 말았습니다.

이와 함께 사라진 풍속이 또 있는데요. 신랑 달아매는 놀이 말입니다. 혼례를 올린 신랑은 재행(再行)이라고 하여 사흘 뒤 신붓집에 인사를 오는데요. 동네 청년이나 중장년들이 저녁에 신랑을 달아매는 장난을 했지요. 그럴 땐 재판장과 형사. 집행관 등으로 구성하는 '왁달계(契)'라는 계를 조직하지요. 왁달계의 장이 재판장인데요. 지역에 따라 이름이 조금씩 다르지만요. 재판장의 주재하에 신부를 훔쳐 간 범인을 찾아가는데요. 처음에는 신부 오빠나 형부 등 친인척들을 불러내 문초를 하고요. 대답이 시원찮으면 밧줄에 옭아매어 달아매고 문초를 하지요. 매달린 사람은 혐의에서 벗어나려고 애쓰는데요.

재미있는 것은, 재판장의 말을 반대로 집행하는 경우도 있는데요. 재판장이 집행관에게 옭아맨 밧줄을 "당겨라!"라고 하면 늦추어야 하고요. "늦추어라!"라고 하면 당기지요. 또, 장작으로 발바닥을 칠 때도요. "매우 쳐라!"라고 하면 가볍게 치고요. "살살 쳐라!"라고 하면 세게 쳤지요. 형사가 범인을 잘못 데리고 오면 자신이 매달려 문초를 받고요. 밧줄을 멘 집행관이 일을 잘못 이행하여도 밧줄에 묶여 문초를 받아야 했지요. 마지막으로, 신랑이 범인으로 지목이 되고요. 밧줄에 거꾸로 매달린 신랑은 장작으로 발바닥을 맞으면서 심문을 당합니다. 우문현답의 자리여서 신랑은 이래도 맞고 저래도 맞습니다.

어떨 땐 신부의 어머니가 음식을 내어올 테니 용서해 달라고 빌기도 하고요. 신부가 노래해야 하는 때도 있지요. 결국, 신랑 자신이 이 집 딸을 훔쳐 갔다고 이실직고하게 되고요. 풀어주는 조건 또는 죄를 사(赦)해 주는 조건으로 술과 음식을 푸짐하게 내어오게 하지요. 이렇게 신랑을 달아매는 자리는요. 해학과 위트가 넘쳐나는 자리인데요. 재판장과 신랑, 신부의 주변 인물들의 우문현답이 오가게 됩니다. 구경꾼들은 그들의 문답을 들으며 웃기도 하고 안타까워하기도 하지요.

행사가 끝나면 왁달계원과 신랑 신부, 모여든 이웃들이 함께 어울려 내어온 안주와 떡, 술을 나누어 먹지요. 이렇게 새신랑을 달아매는 풍습은요. 동네에 따라 심하게 다루는 마을이 있는가 하면요. 그렇지 않은 마을이 있지요. 앞서 말한 잿봉이를 던지는 풍속도 유난히 쌔물시러운[1] 동네가 있습니다. 끝으로, 이 신랑 달아매기 풍속을 삼척시에서 전통 민속 문화로 재현했으면 좋겠습니다. 재담이 뛰어난 시민들로 구성하여 연습시킨 다음에요. 죽서문화제 때 별도 행사로 진행하면 좋겠습니다. 시민들에게 재미있는 볼거리가 될 것이고요. 옛 풍속을 보존·전승하는 효과도 있을 것입니다. 전국 민속경연대회에 참가한다면요, 일등도 가능할 것 같습니다. 이 놀이는 강릉을 비롯한 영동지방에 널리 행해졌던 풍속인데요. 다른 지자체가 나서기 전에 삼척시가 선점하여 재현했으면 좋겠습니다.

---

1) 드센

4부 \ 사전에 없는 삼척말

1. 정겨운 말, 떡돌이와 곶감돌이

 예전, 추수가 끝난 가을부터 겨울을 농한기라고 하였습니다. 아버지들은 산에서 땔감을 해 왔고요. 집 안에서 새끼를 꼬아 가마니나 멍석, 자리를 매셨습니다. 어머니들도 놀지 않으셨는데요. 침침한 등잔불 밑에서 바느질하시거나 쳇바퀴를 옆에 두고 삼을 삼으셨습니다. 동지섣달 긴긴밤, 아이들은 삼삼오오 어울려 놀았는데요. 밤이 이슥해 배가 출출하면 김칫독의 김치나 무 구덩이에 무를 꺼내먹었고요. 쌀을 추렴해 떡을 해 먹는 '떡돌이'라는 것도 했었지요. 논농사 지대에선 입쌀을 추렴해 시루떡을 해 먹었지만요. 논이 없는 산촌에선 차좁쌀을 추렴해서 찰떡을 해 먹었다고 합니다. 다음 내용은 신기면 지방의 떡돌이 풍속인데요. 20여 년 전 대이리 평지마을에 사는 김수진 어르신의 증언입니다.

> "떡돌이는 인제 겨울에 곡식 다 들여놓고, 나무 다 져다 놓고, 할 일 없을 때, 눈이나 빠지고 이러믄 뭐 할 일 있나? 떡

돌이 하지. 떡돌이, 허허허. 누구 집에 놀러 가서 좁쌀을 모아 갖고, 다섯 명이면 다섯 되, 일곱 명이면 일곱 되, 이래서는 그걸 쪄서 큰 안반에 놓고 도끼를 가지고 이래 뚜디레. 힘이 좋으니까 두 사람이 마주 서서 도끼로 막 패서 떡을 만들지, 찰떡인데 그 누런 거 아주 질겨요. 찰지다고. 그래 몫을 잘라. 일곱 명이믄 일곱 개, 몫을 갈라서 먹지. 그냥 공동으로 먹으믄 잘 못 먹는 사람은 손해거든. 그래서 갈라가지고 먹는데, 먹다가 남으믄 집으로 가져간다고….”

위에서 보듯이, 차좁쌀을 추렴해 시루에 찐 다음 안반에 올려놓고 도끼머리로 쳐서 떡을 만들었다고 합니다. 명절 때처럼 떡을 할 양이 많으면 떡메로 쳤겠지만요. 양이 많지 않아 도끼로 쳐서 떡을 만들었다는 이야기입니다. 만든 떡을 그냥 내놓고 여럿이 먹으면요. 잘 먹는 사람은 더 많이 먹고 못 먹는 사람은 덜 먹게 되어 불공평한데요. 그래서 미리 몫을 지어 공평하게 나누었다고 합니다. 또, 떡을 먹다가 남으면요. 집으로 가져갔다고 하네요. 보지 않아도 그 시절 산촌 사람들의 소박하고 정겨운 모습이 그려집니다.

위의 신기면 대이리 김수진 어르신의 이야기는 2009년도에 발간된 『백두대간 민속기행』이란 책에 나오는 내용입니다. MBC PD였던 최상일 선생이 한반도의 등줄기인 백두대간의 최남단인 지리산 자락에서부터 시작하여 최북단인 고성군 진부령까지 기행을 하면서 대간 산허리에 사는 사람들의 삶을 채록하여 라디오로 방송했고요. 책으로도 엮었는데요. 거기에 나오는 내용입니다.

 이 책에는 건의령 아래 도계읍 점리 돌밭에 사는 신일동 할아버지 내외의 이야기도 나오는데요. 할머니의 말에 의하면, '떡돌이'는 주로 남자들이 모여 했다고 하네요. 떡돌이 말고도요. '곶감돌이'라는 것도 있었다고 합니다. 겨울밤에 곶감을 사다가 여럿이 둘러앉아 먹는 것을 그렇게 말했다고 합니다. '떡돌이', '곶감돌이'라는 말은 예전 사람들의 삶과 애환이 녹아있는 말입니다. 이외에도 '엿돌이' '밥돌이'도 있습니다. 우리들의 앞세대 어른들의 삶이 녹아있는 아주 소박한 말들인데요. 이들 말은 언어의 족보이자 호적이라고 할 수 있는 사전에 오르지도 못하고 무적자 신세로 떠돌다가 이제 영원히 묻힐 처지에 놓였습니다. 우리 고장엔 이렇게 가련한 신세의 언어들이 참 많습니다. 이 정겨운 어휘들도 국립국어원의 사전에 올려지기를 기대합니다.

2. 집이 째다

 집이 째다? 집이 째이다? 반복해 들어봐도 이상한 말로 들리시지요? 나이 드신 분이라도 오랜만에 들어보는 말이라 생소하게 느낄 것 같습니다. 아시다시피, 집(house)은 사람이 살거나 활동하는 건물을 말합니다. 그래서 '집이 좋다' 또는 '집이 멋있다'라고 하면 말이 되지만 말입니다. '집이 째다' 또는 '집이 째이다'라고 하면 말이 안 됩니다. 그런데요. 이 말은 삼척·동해지방 사람들이 분명히 썼던 말인데요. 70대 이상 세대들은 지금도 더러 사용할 것입니다. 다음 예문과 설명을 들으시면 명확히 이해되실 겁니다.

1. "방에 가구가 없어 허전했는데 농짝과 침대를 들여놓으니, 집이 째는구나."
2. "단둘이 술을 먹을 땐 재미가 없었는데, 넷이 모이니 집이 짼다야."
3. "동창회에 늘 몇 명만 모였는데, 이번엔 많이 참석하니 집이 짼다야."

위의 예문 1은 아무 가구도 없는 빈방에 장롱과 침대를 들여놓으니, 방의 모습(분위기)이 '갖춰져(좋아) 보인다'는 말입니다. 예문 2의 경우는 둘이 앉아서 술을 먹을 땐 재미가(흥이) 없었는데, 몇 사람이 더 어울리니 '술좌석 모양새(분위기)가 (제대로) 갖춰졌다(조성되었다)'는 말입니다. 예문 3은 매년 열리는 동창회 행사에 동창들이 덜 모여서 분위기가 썰렁했는데, 이번 동창회에는 많이 참석하니 '동창회 모습이 (제대로) 갖춰졌다.' 또는 '동창회 분위기가 (제대로) 형성되었다'는 말입니다.

설명을 들으니 이해되시나요? 나이 드신 고향 어른들께서는 "아하 맞아! 예전에 그런 말을 썼어."라고 하실 것 같은데요. 젊은 세대들은 여전히 낯선 말이라고 할 것 같습니다. 몇 가지 예를 더 들어보겠습니다. 옛날 어렵게 살던 시절, 제사를 지낼 때 말입니다. 잘 사는 집은 비싼 문어를 제사상에 올렸습니다. 하지만, 집안이 어려운 가정에선 문어를 올릴 수가 없었습니다. 모처럼 비싼 문어를 과판(果板)에 괴어 올려놓으면요. 제사상이 한결 돋보였지요. 그럴 때 어른들께서 다음과 같이 말했습니다.

"제사상에 문어가 올라가니 집이 째는구나. 제사상에는 역시 문어가 올라가야 돼."

라고 말이지요. 또, 겨울이 되면 동네 사람들이 모여 화투를 치는 경우가 많았는데요. 두세 사람이 모여 작은 판을 벌이다가 사람들이 더 많이 어울려 노름판 분위기가 커지면요. "이제야 집이 째네."라고 말하였지요. 위에서 보듯이 '집이 째다'라는 말은 '어떤 틀이나 얼개가 (제대로) 갖춰지다(형성되다)'라는 말입니다. 이 어휘를 더 분석해 보면 다음과 같습니다.

'집이 째다'의 '집'은 몸집의 약자(略字)라고 할 수 있고요. '크기' 또는 '부피'를 뜻합니다. 한편, '째다'라는 말은 '짜이다'의 준말입니다. '조직(組織)하다'라는 말, 말입니다. 따라서 이 말은 '몸집 또는 집(frame)이+짜이다(짜여지다)'의 합성어입니다. 이와 달리, 한자로, 모인다는 뜻의 '집(集)'과 '짜이다'란 단어가 합해진 말이란 의견도 있습니다. 어떻든, '집이 째다'라는 어휘는 선조들이 써온 재미있고 정겨운 말 중의 하나입니다. 여러분은 그렇게 생각하지 않으시나요?

3. 윷인가? 사륙인가?

 예전 농경사회에서는 윷놀이를 많이 했습니다. 특히 추수가 끝난 농한기인 삼동에 많이 쳤지요. 설이나 정월대보름이면 동네 사람들이 모여서 즐겼습니다. 또, 매년 연초에는 윷으로 점을 쳐 신수를 보기도 했습니다. 다른 지방에선 둥근 나무짝을 반으로 쪼개어 윷으로 썼는데요. 가락윷 말입니다. 하지만, 삼척지방에선 그런 윷짝보다 '밤윷'이라고 해서 알밤 모양처럼 나무를 깎아 뭉툭하게 만든 윷을 썼습니다. 종지에 넣어 쳤기에 '종지윷'이라고도 했는데요. 가락윷보다는 밤윷을 종지에 넣어 치는 윷이 더 공정합니다.

 가락윷은 그냥 손으로 던지기 때문에요. 치는 사람의 요령에 따라서 모나 윷이 나올 확률이 높은데요. 반면에 종지윷은 종지에 넣어서 던지기 때문에 요령을 부리기 쉽지 않습니다. 그래서 공정한 승부를 가리기 위해선 종지에 넣어 치는 윷이 더 낫다는 말씀입니다. 삼척지방 선조들은 이렇게 공정한 경기를 위해서 '밤윷'을 사용했고요. '종지윷'을 쳤습니다. 이렇게 '밤윷' '종지윷'에도 선조들의 지혜가 녹아있는 것입니다.

그런데요. 윷놀이에도 삼척지방만의 방언이 있습니다. 윷에는 도, 개, 걸, 윷, 모의 다섯 등급이 있지 않습니까? 그 중 '도'를 '뙤'라고 합니다. '뙤'는 네 개의 윷 쪽 중 한 개만 자빠진 것입니다. 윷 네 개가 모두 자빠진 것을 다른 지방에선 '윷'이라고 하지만요. 삼척지방에선 '사륙'이라고 합니다. 또, 두 동이 한데 포개어져 가는 말을 '두동생이', 세 동이 포개어져 가면 '석동생이'라고 하고요. 네 동이 포개어져 가면 '넉동생이'라고 합니다. 또는 '두동사니' '넉동사니'라고도 합니다. 이 말들의 표준말은 각각 '두동무니' '석동무니' '넉동무니'입니다.

윷을 칠 때, 누가 먼저 쳐야 하는지를, 선후를 가릴 때 윷짝 두 개 또는 네 개를 던져서 결정하는데요. 삼척지방에선 그렇게 윷을 던지는 것을 '걸쿤다'고 합니다. '걸쿤다'는 말은 윷가락을 던져서 '걸린다'는 말입니다. '윷놀이에서, 말을 방에 놓다'는 뜻의 '방이다'는 '방치다'라고 하지요. 한 자리에서 두 동 이상이 포개어져 갈 때를 '꽈서 간다' 또는 '엎쳐서 간다'라고 합니다. '꽈서'는 '구워서'의 방언이기도 하고 '꼬아서'의 방언이기도 합니다.

위의 말 중에 특히 '사륙'이란 말은 삼척·동해지방에서만 쓰는 아주 특이한 말입니다. 인근의 정선이나 강릉지방은 물론 전국 어디에서도 쓰지 않는 어휘입니다. 다른 지방에선 네 개의 '윷짝'도 '윷'이라 하고요. 윷을 쳐 네 개 모두가 자빠진 것도 '윷'이라고 합니다. 삼척지방에서 윷짝 네 개가 모두 자빠진 것의 이름을 따로 지어 '사륙'이라고 하는 것인데요. 그냥 윷짝을 의미하는 윷과 윷을 쳤을 때 자빠진 네 개의 윷을 구분하기 위해 지어진 이름으로 여겨집니다. 두 '윷'의 혼동을 막기 위해, 구별하기 위해서 '사륙'이라는 어휘를 지어낸 것 같습니다. 이러한 어휘를 창작해 낸 선인들의 지혜에 박수를 보냅니다.

어원은, '사윷'에서 사육→사륙으로 변형된 것으로 여겨집니다. 어휘의 분화 또는 진화의 사례인데요. '사륙'은 삼척지방 사람들이 즐겨 써야 하고요. 후대에도 전할 소중한 어휘입니다.

4. 부역에서 유래된 말, '골'

 이번에 이야기할 골은 골짜기를 의미하는 골(谷)이 아니고요. 뼈를 의미하는 골(骨)도 아닙니다. 여기에서 말씀드릴 '골'의 이해를 위해선 다음과 같은 이야기를 먼저 해야겠습니다.

 1960년대 전후반인데요. 그 시절엔 눈이 많이 왔습니다. 국도이지만 눈을 치우지 못해 교통이 두절이 되는 경우가 많았습니다. 여름에 비가 많이 와도 도로가 파손되어 차가 다니기에 불편한 경우가 많았습니다. 지금은 제설차나 장비를 동원해 금방 눈을 치우고 길을 정비하지만 말입니다. 예전에는 장비가 제대로 없어서 그렇지 못했습니다. 눈이 많이 오거나 비가 많이 올 때는 주민들이 동원되어 도로의 눈을 치우거나 보수를 했지요. 우리 동네 사람들은 7번 국도의 한재 구간을 맡아 눈을 쳤고요. 길도 닦았습니다.

 우리 마을 앞 국도는 다른 마을 사람들이 와서 눈을 쳤습니다. 면사무소에서 미리 동네마다 구역을 담당해 주었는데요. 눈이 오거나 비가 오면 으레 나가 쳤고요. 평소에도 도로보수를 해야겠다고 싶으면 자율적으로 나가 보수를 했습니다. 보수도 대가도 없이 눈이나 비가 오면 나가 일했는데요. 그 시절은 당연히 해야 할 일이라 생각해서 불만이나 불평이 없었습니다. 이렇게 자연재해나 공동 일에 주민이 자발적으로 동원되어 일하는 것을 부역(負役)이라고 합니다. 부역은 조선시대에도 있던 아주 오래된 제도입니다.

그런데요. 개인적 사정으로 부역에 빠질 경우가 있는데요. 그렇게 부역 일에 빠진 사람은요. 벌금을 내야 했습니다. 면사무소 같은 행정기관에 내는 것이 아니고요. 마을에 내야 합니다. 공동 일엔 구성원 모두가 공평하게 부담해야 한다는 취지에서 그렇게 했던 것입니다. 부역 일엔 장정이 나가는 것이 기본입니다. 부득이 어른이 못 나갈 사정이면 대신 학생이라도 나가야 했습니다. 벌금을 내는 것이 무서워서, 돈을 내는 것이 아까워 그랬지요.

예전, 오십천 상류의 미로나 신기 지방에 홍수가 지면요. 설치해 놓은 섶다리나 나무다리가 떠내려갔을 겁니다. 그럴 때 동네 주민이 모두 나서 다리를 다시 세웠을 것인데요. 개인 사정으로 공동 일에 빠진 사람은 벌금을 내었을 겁니다. 아니면, "자네 이번 일에 빠졌으니, 다음에 술 한 통제(桶子) 내게."라고 말했을 겁니다. 그렇게 형평 부담의 차원에서 돈이나 물품을 내게 하는 것을 '골을 물린다'고 했습니다. 징수한 돈이나 물품, 즉 골은 나중에 마을 행사나 공동 일을 할 때 경비로 썼습니다.

위에서 언급한 골이란 말은 궐(闕)에서 나온 말인데요. 한자 궐(闕)자는 궁궐을 의미하기도 하지만요. 관청의 자리가 비는 것도 의미합니다. 또, 참석해야 할 모임(자리)에 빠지는 것도 궐에 해당합니다. 그래서 대통령 자리가 비었을 때 궐위(闕位)되었다고 하고요. 재판할 때 피고인이 결석한 상태에서 하는 재판을 궐석재판(闕席裁判)이라고 하지요. 국어사전에 '궐전(闕錢)'이란 말이 있습니다. 곗돈, 월수(月收), 일수(日收)처럼 정하여진 날짜에 내야 하는 돈을 제날짜에 내지 못한 돈을 말합니다.

삼척지방에서 말하는 '골'이란 위의 의미와 조금 달리 어떤 모임이나 공동체의 일원으로써, 공동 일에 빠진 대가로 내게 되는 경제적 부담을 말합니다. 강릉 쪽에선 '골전'이란 말을 쓴다고 하는데요. 삼척지방의 골과 마찬가지 의미입니다. 따라서, '골'은 '궐', '골전'은 '궐전'에서 유래된 것이 분명합니다. 하지만, 본래의 의미에서 조금 변형되었다고 할 수 있습니다. 말도 이렇게 지역에 따라, 시대에 따라 의미가 조금씩 달라지기도 합니다. 세월이 흘러 좋은 세상이 되다 보니 이젠 부역을 할 일이 없어졌습니다. 따라서 '골' '골전'이란 말도 옛날 말이 되고 말았습니다.

5. 마지막 화전민 할아버지가 말한 '불담'

저는 예전의 풍물과 풍습에 관심이 많습니다. 그래서 TV나 유튜브에 그런 프로그램을 주로 보고요. 신문, 잡지도 그런데 관심이 많지요. 어느 날 '함백산 도깨비'라는 애칭의 개인 방송을 보았는데요. 이 유튜브는 태백·삼척·정선 지방의 오지를 찾아다니며 산골 풍경과 그곳 사람들의 소박한 삶을 소개하는 방송입니다. 그는 우리나라에 마지막으로 남아 있는 화전민으로 소개된 삼척시 신기면 대평리 사무곡에 사시는 정상흠 할아버지를 자주 찾아갑니다. 할아버지가 좋아하시는 소주와 라면 등 생필품을 사 들고 가서 함께 나누고 하룻밤을 자기도 합니다.

때론 집주변 청소를 하고 땔감도 해 줍니다. 할아버지와 소박한 이야기를 나누는 모습이 정겨운데요. 정상흠 할아버지는 올해 95세로 등만 좀 굽으셨지, 귀도 멀쩡하시고요. 하루 소주 한 병을 드실 정도로 정정하십니다. 삼척 시내에 사는 자식들이 시내로 모시려 해도요. 산골짜기 굴피집을 고집하십니다. 할아버지의 굴피집은 80년 정도 된 목조건물인데요. 할아버지의 아버지께서 지은 집이라고 합니다. 옛날 부엌엔 무쇠솥과 가마가 걸려 있고요. 방도 옛날 대자리를 깐 방입니다. 전기도 없어 등잔불을 켜고 사십니다. 2025년 5월 어느 날입니다. 두 사람의 대화 중에 내 귀에 번쩍 뜨이는 말이 있었습니다. '불담'이란 말이었는데요. 두 분의 대화는 다음과 같았습니다.

○ 유튜브 운영자 : "참나무는 불담이 아주 좋지요?"
○ 할아버지 : "참나무는 불담이 좋긴 한데, 패기가 힘들아."
○ 유튜브 운영자 : "할아버지! 걱정마셔요. 제가 패 드릴게요."

아시다시피, 참나무 장작은 화력이 좋습니다. 소나무 장작에 비할 바가 없이 땔감으로 좋은데요. 단단하고 모질어서 자르거나 패기가 힘든 게 흠이라면 흠입니다. 사전에서 두 분 대화에 나오는 '불담'을 찾아봤습니다. 그러나 찾을 수가 없었고요. 인터넷서핑을 해봐도 검색이 되지 않았습니다. 그래서 그날 보석과 같은 어휘 하나를 건졌습니다. 기분이 좋아서 혼자 싱긋 웃었습니다. 할아버지와 유튜버의 대화 내용으로 짐작이 가시겠지만요. '불담'은 '불의 세기' 즉 '화력(火力)'을 의미하는 말입니다.

다시 정상흠 할아버지 이야기로 돌아가서요. 할아버지는 오리지널 삼척 사투리를 쓰시는 분입니다. 전 알아듣지만요. 다른 지방 사람들은 70% 이상 못 알아듣습니다. 외계인의 언어처럼 들려 자막으로 처리해야만 알아들을 수가 있습니다. 삼척 말의 독특한 억양 때문인데요. 할아버지가 건강하게 오래오래 사셨으면 좋겠습니다. 할아버지의 굴피집은 함백산 도깨비 외에도 다른 유튜버들도 자주 찾습니다. 일반 등산객들도 많이 찾는 명소(?)가 된 지 오래되었는데요. 김진선 전 강원도지사님과 김형배 전 삼척부시장님도 방문한 적이 있지요. 여러분도 꼭 한번 찾아가 보셔요. 마지막 남은 굴피집을 말입니다.

위의 글까지는 「삼척시정 소식지」에 게재된 원문입니다. 지면의 제약이 있어 위에서 이야기를 마무리했습니다만, 책으로 엮는 과정에 아래 이야기를 추가합니다.

할아버지와 굴피집은 2020년 EBS 방송 「한국기행」의 골라둔 다큐에 다큐멘터리로 소개되었습니다. 훨씬 전 2000년도 경에도 이 땅의 마지막 남은 화전민으로 소개된 바 있습니다. 최근 여러 유튜버, 블로그에도 많은 동영상이나 글이 올려져 있습니다. 지금도 인터넷으로 검색하면

볼 수 있습니다. 삼척시에 건의합니다. 우리나라에 마지막 남은 굴피집, 그리고 집구조, 집 안에 있는 각종 생활용품, 그 자체가 삼척의 보물이자 대한민국의 보물입니다. 정상흠 할아버지의 굴피집 보존 대책을 세워주시고 할아버지의 집 일대를 소박한 화전민박물관으로 만들어 주시기를 바랍니다. 이 집이 방치되거나 헐리면 안 됩니다.

아드님과 협의하여 추진하시되 오르는 길도 정비해 주시고 우물도 정비해 주시기를 바랍니다. 대한민국의 숨은 오지, 많은 유튜버와 등산객들이 즐겨 찾고 있고요. 그들이 올린 동영상을 보는 것만으로도 대리만족하고 힐링을 느끼는 사람들이 많습니다. 시장님과 시의회 의장님, 관계 공무원 여러분! 꼭 방문해 보시기 바랍니다. 내 고장의 명소를 그냥 두지 마십시오. 꼭 보존 대책을 마련 해 주시기바랍니다.

6. 추매, 추매꾼

 1970년대까지만 하더라도 농촌에선 길쌈을 많이 했습니다. 그 시절 우리들의 할머니와 어머니, 누나들은 동삼 내내 삼을 삼으셨습니다. 이빨로 삼 껍질을 쪼개서 올을 만들고요. 그 올을 고뱅이[1]에 올려놓고 손으로 비벼서 이었습니다. 그렇게 삼은 올은 쳇바퀴에 사렸습니다. 삼을 다 삼으면 물레를 돌려 타래를 만들었고요. 봄이 되면 그 타래를 양잿물로 삶았습니다. 바래진 타래는 흐르는 냇물에 씻어 빨랫줄에 걸어 말렸지요. 다시 물레에 감아 타래를 만들고요. 베틀에 날아서 짰습니다. 나른한 봄날, 베틀에 앉아 "딸깍딸깍" 베를 짜시던 어머니의 모습이 눈에 선합니다.

 그 시절, 삼베는 여름을 나는 최고의 옷감이었습니다. 수의(壽衣) 재료로도 일등 옷감이었지요. 그래서 광목이나

---

1) 무릎

무명보다 많이 비쌌습니다. 다 짜면요. 치자 물을 들여 곱게 다듬었지요. 한 필 단위로 보자기에 싸뒀다기요. 장에 내다 팔았습니다. 그 돈은 구렁이 알 같이 귀한 돈이었습니다. 그 돈으로 춘궁기의 부족한 양식을 샀고요. 자녀의 월사금으로 썼습니다. 여유가 되면 소를 샀고요. 논밭전지도 샀습니다.

예전, 큰어머니께서 하시던 말씀이 생각납니다. 길쌈은 '부녀자들이 할 수 있는 최고의 부업이자, 양반 일이다'라고 하셨는데요. 왜냐하면, 길쌈은 부녀자들이 바깥으로 나돌지 않고요. 또 남의 밑에서 일하지 않고요. 방 안에서 조용히 일해도요. 돈이 되는 일이었기 때문에요. 부녀자들이 하는 최고의 부업이자 양반 일이라고 한 것입니다.

그런데 길쌈의 원료인 삼(大麻)은 영(嶺)을 넘어 고랭지에서만 됩니다. 그래서 하장이나 정선에서 많이 재배했고요. 대마 재배는 영서 사람들의 큰 소득원이었습니다. 영동지방 사람들은 영서에 가서 삼을 해오거나 사와 길쌈을 했는데요. 처서가 지나면 삼 작업을 합니다. 영 아래 울진·원덕·근덕·삼척·북평·옥계 사람들은요. 그 삼 일을 하려고 여러 사람이 어울려 하장이나 정선으로 갔습니다. 구부시령,

큰재, 댓재, 이기령, 명지목이, 백복령 등 험하고 된 백두대간 고개를 걸어서 넘었습니다. 그때 긴 대나무 장대라도 하나 메고 가면요. 인기 만점이었습니다. 영서에는 대나무가 자라지 않기 때문에요. 대나무 장대가 보물과 같은 존재였지요. 높은 곳의 잣을 딸 때 아주 유용하게 쓸 수 있어서 영서 사람들은 대나무 장대를 아주 좋아했습니다.

 영을 넘어간 사람들은 삼밭에서 삼을 베는 작업을 했고요. 배 온 삼단은 삼굿에다 쪘지요. 삶은 삼은 냇물에 담가 불렸고요. 건져서 껍질을 벗겨 말렸지요. 이 일은 여러 날이 소요되는 중노동이었습니다. 위와 같이 삼을 베어 삼고 줄기를 분리하여 삼단을 만드는 일련의 작업을 '추매' 또는 '추매작업'이 라고 했습니다. 또, 그런 일을 하는 사람들을 '추매꾼'이라고 했습니다. 밭떼기째로 삼밭을 사서 작업을 해가는 사람들도 '추매꾼'이라고 말했는데요. 그들은 대량 생산한 삼을 사서 실수요자인 영 아래 길쌈 농가에 소매하였지요. 그래서 이문을 남겼고요. 이렇게 삼밭을 사서 직접 삼을 해가는 사람도 있지만요. 그냥 근(斤) 단위로 삼을 달아서 도매로 사 가는 장사꾼도 있었습니다. 이들은 '마상(麻商)'이라고 했습니다. 앞서 말한, '추매' '추매꾼' '마상'이라는 어휘는요. 국어사전이나 방언사전 어디에도 찾아볼 수 없습니다. 정선·태백·하장 지방만의 말인데요. 이 말의 어원은 '추마(推麻)'로 여겨집니다.

  1980년대 초까지만 하더라도 길쌈 장려를 했는데요. 삼척군에서 읍면별로 선수를 뽑아 '누가 잘 짜나, 누가 빨리 짜나'라는 '삼베 짜기 경진대회'를 개최하기도 했습니다. 1990년대 중국으로부터 삼베가 들어오면서 하장, 정선지방의 대마 재배는 사양화의 길을 걷게 되었습니다. 영서지방 사람들의 큰 소득원이었던 삼 재배와 길쌈이 사양화되자 '추매'라는 말이 사라졌습니다. 백두대간 영을 넘어 다니던 '추매꾼' '마상'도 없어진 지 오랩니다. 베틀, 길쌈이란 말마저 이제 잊혀 가고 있습니다.

7. 쭐래와 쭐래쭐래

 쭐래와 쭐래쭐래? 무슨 말인지 모르시겠지요? 하지만 다음 이야기를 들어보시면 "아하!" 하며 이해하실 것 같습니다. 먼저, '쭐래'라는 어휘를 살펴보겠습니다. 어느 가정의 아버지와 아들이 함께 TV를 시청하고 있다고 칩시다. 채널을 돌리다 보니 마침 삼척시민들이 자랑으로 여기는 마라톤의 영웅 황영조 선수가 그의 동료인 이봉주 선수와 대화를 하는 광경이 나옵니다. 이 모습을 보시던 아버지께서 아들에게 묻습니다.

 아버지 : "야야! 저 황영조 선수가 니들 쭐래나?"
 아들 : "아이래요. 제 쭐래가 아이고요. 형 쭐래래요."

 위의 이야기를 들으니 '쭐래'의 뜻을 대충 짐작하시겠나요? 모르시겠다고요? '쭐래'는 말이래요. 나이가 서로 비슷한 무리인 '또래'에 해당하는 삼척지방 말인데요. 예를 더 들어보겠습니다. 노인들이 경로당에 모여 다음과 같이 이야기합니다.

A : "나이 팔십을 넘으니 말이야. 우리 쭐래 중에 살아 있는 사람이 몇 안 돼."

B : "옛날에는 살기가 어려워 우리 쭐래 중에 고등과[1]를 나온 사람이 많지 않았지."

이제 '쭐래'에 대해선 확실히 이해하셨을 것 같습니다. 그런데요. '쭐래' 말고 '쭐래쭐래'라는 말도 있는데요. '줄래줄래'라고도 하는데요. 앞에서 살펴본 '쭐래'와는 의미가 완전히 다릅니다. 이해를 돕기 위해 상황 설명을 해보겠습니다.

1950년대까지만 하더라도 농촌에 손수레가 많지 않았습니다. 그래서 엿장수도 수레를 끌고 다니며 엿을 팔지 않고요. 지게에 엿 방탱이[2]를 지고 다니면서 엿을 팔았지요. 그 시절은 농촌에 돈이 귀해서 돈보다는 보리쌀이나 감자를 주고 엿을 바꿔 먹었는데요. 아이들은 평소에 헌 고무신짝이나 빈 병, 쇠붙이를 모아 두었다가요. 엿장수가 오면요. 그걸 주고 엿을 바꿔 먹었지요. 짓궂은 아이들은 엿장수를 놀려주기도 했는데요. 쭐래쭐래 엿장수 꽁무니를 따라가며 다음과 같이 놀렸습니다.

---

1) 고등학교 2) 엿 함지

"엿장새 똥구영은 찐득찐득하고요. 기름장새 똥구영은 미끌미끌하지요."

저도 촌사람인 주제에 엿장수를 깔보고 그런 거지요. 위의 이야기를 들으니, 어른들은요. 큰 가위를 쩔렁거리며 마을 고샅을 다니던 엿장수 모습이 떠오를 것인데요. 그를 골려주던 생각이 날 것입니다. 젊은이들을 위해 예를 더 들어봅니다.

"요즘은 무서운 세상이야. 낯선 사람에게 쫄래쫄래 따라가면 안 돼."
"토끼같이 귀여운 유치원생들이 줄래줄래 서서 선생님을 따라가네."

위에서 보듯이, '쫄래쫄래' 또는 '줄래줄래'는 여러 사람이 어떤 사람의 뒤를 따라가는 모양을 나타내는 말입니다. 격식을 갖춰 행군하듯이 따라가는 것이 아니고 그냥 졸졸 따라가는 모습을 말하지요. 이 말의 표준말은 '쫄래쫄래'와 '졸래졸래'입니다. 지금까지 언급한 '쫄래' '쫄래쫄래' '줄래줄래'라는 어휘는요. 사전에 등재되어 있지 않습니다. 앞으로 국어사전이나 방언사전에 올려지기를 기대해 봅니다.

8. 감 종류와 째지바리

　서리가 내린 늦가을, 농촌 들녘을 지나다 보면요. 차창 너머로 감나무를 볼 때가 있는데요. 앙상한 나뭇가지에 주렁주렁 매달려 있는 감을 보면요. 멋있는 한 폭의 풍경환데요. 삼척지방 감 중에는 왕감과 동이감이라는 감이 있는데요. 왕감은 보통 감보다 크고 둥글넓적한데요. 품질 또한 좋아서 또개보면[1] 분이 나고요. 떫기도 덜 떫지요. 그래서 왕(王)감이라고 했고요. 동이감은 물동이처럼 생겼다고 하여 붙여진 이름인데요. 사람에 따라 '동우감' '동오감'이라고도 했지요. 강릉과 양양 쪽에선 왕감을 동철이라고 하는 것 같은데요. 고종시(高宗枾)라고도 했지요. 요즘은 그런 감을 대봉감이라고 하더군요. 이 두 종류의 감은 홍시로 만들어도 좋고요. 곶감으로 말려도 최상품의 곶감이 됩니다. 속에 씨가 없거나 적으면 더 알아주었지요.

---

1) 갈라보면

이 외에도 따바리감이란 감이 있었고요. 침감이란 감도 있었지요. 따바리감은요. 똬리를 튼 것처럼 못생긴 감인데요. 상품성이 없어 팔지는 못했습니다. 침감은 늦게 익는 감인데요. 늦게까지 푸른 색깔이 가시지 않았는데요. 홍시로 앉히거나 곶감으로도 만들 수 없는 감이지요. 아주 딱딱해서 삭혀 먹어야만 했고요. 바닷물이나 소금물을 부은 항아리에 넣어 두면요. 떫은맛이 없어지고 삭습니다. 그래서 침(浸)감이라고 했지요. 정이월 엄동설한에 꺼내 먹었는데요. 짠맛이 조금 나지만요. 사이다같이 싸한 맛이 있어서요. 별미였습니다. 이 외에도 품질에 따라 물감, 찰감, 분이 많이 나는 감, 단감이 있었고요. 속감(물동이 모양으로 생긴 감을 이렇게도 불렀다)도 있었지요.

옛 어른들은 오래 두고 먹을 수 있고 여러 형태로 가공해 팔 수 있는 감을 과일의 왕으로 여겼는데요. 가을철에 따서 그냥 팔기도 했지만요. 부가가치를 높여 삭혀서 팔기도 했고요. 대개는 홍실이나 곶감으로 만들어 팔았지요. 홍실은 홍시의 방언이고요. 군것질용으로 감삐지개[2]도 만들었는데요. 품질이 좀 떨어지는 감을 칼로 삐져서 말렸지요.

---

2) 감말랭이, 감을 칼로 비스듬히 썰어서 말린다고 하여 '삐지게'라고 한다.

야속하게도요. 감 열매는 달린 지 얼마 안 되어서 부터 떨어지는데요. 가물이 심하면 더 많이 떨어지지요. 그래서 감나무 밑에 가면 떨어진 감이 수두룩했는데요. 1960년대까지만 하더라도 먹을 게 부족하던 시절이라서요. 떨어져 물러진 감을 주워 먹었고요. 떨어진 지 얼마 안 된 땡감은 삭혀 먹었습니다. 물과 함께 꿀단지에 넣어 따뜻한 곳에 두면요. 며칠 지나면 떫은맛이 없어져 들큼한데요. 그걸 깎아 먹었습니다. 또, 늦여름이나 초가을, 다른 감들은 시퍼런데 더러 누런 감이 보였는데요. 그걸 반물래기라고 했지요. 어쩌다 반물래기를 발견하면요. 횡재를 한 기분이었지요. 반물래기 이야기는 앞에서 언급한 바 있습니다. 그 시절은 곶감 껍질도 아까워 버리지 않았고요. 말렸다가 먹었습니다.

 감은 해거리를 하는데요. 아주 많이 달릴 땐 무게를 못 이겨 가지가 휘어지다 못해 찢어질 정도일 때가 있는데요. 그럴 때 어른들은 "감이 째지바리(째지발이)로 (많이) 달렸다"고 했지요. '째지바리'라는 말은 과일나무 가지에 자잘한 열매가 다닥다닥 붙어있을 때, 그 무게를 지탱하지 못해 가지가 째질(찢어질) 정도라는 뜻인데요. 이 말은 삼척·동해지방에서 쓰는 말입니다. 표준말로는 '주저리주

저리', '다다귀다다귀'라 할 수 있는데요. 저는 '째지바리'라는 말이 더 정감이 가는데요. 가지가 째지도록 달린 과실, 참 재미있는 표현이 아닌가요?

9. 똘똘말이 한번 할래?

예전 학생들은 수업이 끝난 오후 편을 갈라 축구 경기를 하는 경우가 있었습니다. 1950년대 시골 초등학교엔 가죽으로 된 축구공이 없었습니다. 아이들은 새끼줄을 동그랗게 뭉쳐 공 대신에 찼고요. 주로 고무로 된 물렁물렁한 공을 찼습니다. 명절 때 동네에서 돼지를 잡으면요. 오줌보에 바람을 넣어 차기도 했습니다. 시골 아이들은 축구화는 보지도 못했고요. 고무신을 신고 차거나 아예 맨발로 공을 찼습니다. 불과 육십 년 전 우리나라 사정이 그랬습니다. 초등학교 5, 6학년이 되거나 중학생 정도 되면요. 친구들끼리 돈이나 상품을 걸고 공을 차기도 했는데요. 이긴 팀은 공짜고 지는 팀이 빵을 사기로 하는 그런 시합이었습니다.

먼저, A팀 B팀으로 편을 나누고요. 이번 경기는 2만 원을 걸고 하는 시합으로 진 팀이 낸 돈으로 빵을 사 먹기로 했습니다. 첫 경기에서 A팀이 이겨 B팀은 배가 아팠습니다. 그래서 B팀은 A팀에게 한 판 더 하자고 제안합니다. A팀이 좋다고 하면요. 한 판 더 겨루는데요. 둘째 경기에선 B팀이 이기고 A팀이 져 1:1이 되었습니다. 그래서 각각 2만 원을 부담하게 되었는데요. 한 팀에서 "야! 우리 화끈하게 똘똘말이 할래?"라고 제안합니다. 다른 팀이 "그래 좋아!"라고 응해 시합을 한 번 더 했습니다. 세 번째 경기는요. 결선에 해당하는 시합인데요. 이 시합에서 A팀이 이기고 B팀이 지고 말았습니다. 결국, B팀이 4만 원을 다 부담하게 되었습니다. 이게 '똘똘말이'입니다. 이긴 팀은 날아갈 것 같이 기쁘지만요. 진 팀은 속이 아리고 씁쓸합니다. 기분이 안 좋아 빵 맛도 없습니다.

다음은 또 다른 똘똘말이 사례입니다. 예전 동지섣달 겨울밤은 길었습니다. 텔레비전도 없고요. 라디오도 귀한 시절이다 보니 말이래요. 집에 있기가 답답합니다. 그래서 친구네 집으로 몰려가 놀았는데요. 착착이, 수건돌리기 등의 오락을 하면서요. 이슥하도록 놀지요. 그러다 보면 배가 허출해집니다. 그럴 땐 남의 집 김장독의 김치를 몰래 꺼내 먹고요. 무꾸(무) 구덩이를 뒤져 무꾸를 꺼내먹기도 하였지요.

어떤 때는 부모 몰래 도장(곡간)의 쌀을 추렴해 떡을 해 먹기도 하였는데요. 또, 과자나 엿을 사 먹기 위해 민화투, 나이롱뻥을 치기도 하였습니다. 미리 1등은 공짜, 2등은 얼마, 3등은 얼마 등 등수에 따라 부담할 금액을 정해놓았고요. 화투로 승부를 겨룰 때는요. 달보기 월약(月藥)이라고 해서 12달을 친 합계 점수로 등수를 매겼습니다. 화투가 끝나고, 한 친구가 자기가 낼 금액과 비슷한 돈을 내게 된 친구에게 제안합니다. "우리 둘이 똘똘말이 할래?"라고 말입니다. 상대편이 응하면요. 두 사람이 화투 두 장의 끗수, 또는 가위바위보로 승부를 가립니다. 진 사람이 두 사람 몫을 다 내게 되는데요. 이것도 '똘똘말이'입니다.

위와 같이 돈이나 물품을 걸고 화투 내기나 운동경기를 할 때 말입니다. 결선 형태의 시합을 하여 한쪽, 즉 진 쪽에 부담을 떠넘기는 것이 똘똘말이입니다. 어원은 '돌돌말다'에서 유래된 말인데요. '돌돌'을 세게 발음하여 '똘똘'이라고 하는 것이지요. 똘똘말이라는 어휘 속에는요. 그 시절 사람들의 풍속이 들어 있고요. 시대상도 녹아있습니다. 똘똘말이! 말이 재미있지 않나요? 저는 정겨운 말로 들립니다. 삼척·동해지방에선 지금도 쓰는 말인데요. 국어사전에는 등재되어 있지 않습니다.

10. '씨몽살이', '씨몽살이하다'

이번에는 제가 초임 발령을 받아 삼척군의 노곡면 서기를 했던 먼 옛날이야기를 해보겠습니다. 무려 57년 전인 1968년도인데요. 그 해 1.21일 무장 공비가 청와대를 습격한 사건이 있었고요. 이틀 후에는 미국 함정 '푸에블로'호가 동해 공해상에서 납북이 되었지요. 그 일 때문에 4.1일 예비군이 창설되었습니다. 전 3월에 면서기로 임용되었고요. 그해 10.30일에는 울진·삼척 무장 공비 침투 사건이 일어났는데요. 직접 피해지역인 울진·삼척은 물론이고요. 평창·홍천 등 영서 내륙 지방에 피해가 컸지요. 온 나라가 매우 시끄러웠던 격동의 해가 1968년도였지요. 그해 말에는 불순분자를 색출하려고 주민등록증이 처음 발급되었습니다. 그 전엔 도민증과 기류계라는 제도가 있었는데요. 주민등록법이 생기면서 없어졌지요.

그 시절, 근덕에서 노곡면으로 가려면요. 들입재(野入峙)라는 가파른 재를 넘어야 했는데요. 지금은 그 재 밑으로 터널이 뚫려 쉽게 넘나들 수 있지만요. 예전엔 다리실(교곡)의 땡비알이란 아주 경사가 심한 고갯마루를 헉헉대며 걸어 넘어야 했습니다. 위에 나오는 '땡비알'이란 말도 재미있는 말인데요. 아주 된 비탈을 그렇게 말했습니다. 굳이 설명하면요. 땡+비알의 합성언데요. '땡'은 '심하다'는 뜻이고요. '비알'은 벼랑 또는 비탈을 말합니다.

그 시절 면서기들은요. 출장은 모두 걸어서 다녔는데요. 제가 담당한 일은 벼나 보리 매상, 퇴비 증산, 누에씨와 뽕나무 심기 독려, 축산장려 등의 업무였습니다. 상월산 쪽에서 하월산 쪽(노곡초등학교 건너편 산줄기 밑 냇가)으로 흐르는 물이 많아서요. 여름철이면 그곳에서 목욕 겸 천렵을 하곤 했는데요. 지금은 물이 말라 건천이 된 것 같습니다. 그 당시 고자리에서 상반천, 하반천을 거쳐 천기 쪽으로 흐르는 냇물도 끊이지 않고 흘렀습니다. 그러나 지금은 물이 많이 줄고 군데군데 끊어진 것 같습니다.

50년 전만 하더라도 노곡초교 옆 뜰에도 논이 있었는데요. 봇도랑 중간을 막으면 미꾸라지는 물론 뱀장어까지 잡히기도 했지요. 그 시절엔 크로르칼키라는 하얀 가루의 물 소독제를 이용하여 고기를 잡았는데요. 상월산 동네 앞 거랑(시냇물)에다 약을 풀면요. 그 아래로 고기들이 허옇게 떠올랐습니다. 그 시절 마읍 지역은 물 반, 고기 반이라 할 정도로 민물고기가 많았는데요. 냇가에 몰래 초피가루를 풀었고요. 더러는 독성이 아주 강한 청산가리를 풀기도 했지요. 그럴 땐 크고 작은 고기가 떠올랐고요. 꽁치만큼 큰 은어도 둥둥 떠올랐지요. 더 심한 방법으론, 전깃줄을 냇가로 끌고 가 전기로 물고기를 잡는 사람도 있었는데요. 오십천이나 남대천(지금은 마읍천) 같은 곳에선 깡이란 폭발물을 던져 잡기도 했지요. 이렇게 하면 고기가 남획되어 씨가 마르게 되는데요. 그럴 때 사람들은 '고기가 씨몽살이했다'라고 했습니다.

지나간 시절의 아름답지 못한 기억인데요. 지금은 절대 그렇게 해서는 안 될 행동이지요. 요즘 그랬다간 큰코다칩니다. 씨몽살이'라는 말은 다음과 같은 경우에도 씁니다. 삼척지방에는 '포강'이란 독특한 어휘가 있는데요. 골짜기의 다랑논 위에 웅덩이를 파서 빗물을 저장하거나 샘물이 나는 땅을 둑으로 둘러막아 놓은 작은 소를 그렇게 말했습니다. 평소에 물을 가뒀다가 농사철에는 농업용수로 쓰는 곳인데요. 말하자면 소규모 저수지인데요. 다른 지방에선 방죽 또는 둠벙이라고 합니다. 포강에는 논고기

(송사리)를 비롯해 붕어, 미꾸라지와 물방개, 엿장수(소금쟁이) 등 여러 가지 수서생물들이 사는데요. 가뭄이 심하면 바닥이 드러나 모두 다 죽습니다. 그럴 때도 '씨몽살이를 했다'고 합니다.

위에서 말한 '씨몽살' 또는 '씨몽살이'라는 말은요. '몰살(沒殺)' '멸살(滅殺)' 또는 '전멸(全滅)'에 해당하는 말입니다. '씨몽살이 했다'라고 하면 '몽땅 죽었다'라는 말입니다. 그런데 왜 옛 사람들은 '씨+몰살'이라고 하지 않고 '씨+몽살이'라고 했을까요? 저도 그 사정을 모르는데요. 저로선 '몰' 자 보다 '몽' 자를 쓰니 더 정겹고 재미있는 것 같습니다.

11. 몽꽁이와 고무열이

 몽꽁이! 어릴 때 들은 적이 있지만요. 객지 생활을 오래 하다 보니 잊고 지냈습니다. 그런데 지난 4월, 죽마고우들 모임에서 이 말을 들었습니다. 매년 봄가을, 두 차례 모이는데 48년이나 된 오래된 모임인데요. 고향을 떠나 사는 저로서는 이 자리가 구수하고 정감이 어린 고향 말을 만끽하는 자립니다. 술 한 잔 나누면서 대화를 이어 가다 보면요. 다들 톤이 높아지지요. 다들 억양이 높아 누가 보면 싸우는 것 같지만요. 실은 화기애애한 자리지요. 저는 오가는 대화 중에서 생소한 말이 나오나 하고 귀를 쫑긋 세우고 듣는데요. 한 친구가 다음과 같이 말했습니다.

 "○○친구 알지? 얼마 전에 가(걔) 아들래미 결혼식에 갔잖나. 그런데 가 아들을 보니 몽꽁이 같이 생겼데야. 인물이 훤한 제 애비를 닮지 않고 말이야. 아마 외택(외탁)을 한가 봐."

 남을 비하하는 말이긴 한데요. 친구의 말에서 저는 '몽꽁이'라는 말을 건넸습니다. 고향을 떠나 객지에 산 지 오래된 저로서는 고향에 대한 그리움을 달래기 위해 「삼척동굴엑스포」가 열렸던 해인 2002년도에 『삼척방언편람』을 낸 바 있습니다. 그 후에도 계속 수집하고 있는데요. 2027년경에 수정·증보판을 출간할 예정입니다. 우리 삼척지방 선인들의 숨결이 담긴 언어를 집대성하는 계기가 될 것입니다.

이야기가 잠시 다른 데로 흘렀는데요. 다시 본론으로 돌아가겠습니다. 이번 모임에서 새로 발견한 '몽꽁이'란 어휘도 당연히 추가 수록할 것인데요. 몽꽁이'라는 말은 영어의 멍키(monkey) 즉 원숭이를 연상케도 하는데요. '못생겼다'는 말이고요. '원숭이같이 생겼다'는 말이기도 합니다. 당사자 앞에서는 쓰지 않고요. 대개 당사자가 없는 자리에서 씁니다. 역설적으로 '귀염둥이'라는 의미로도 쓰입니다. 이 말이 쓰이는 예를 들어보겠습니다. 옆의 1, 2 문장은 못 낫다는 뜻이고요. 3의 문장은 귀엽다는 뜻입니다.

1. "그 집 둘째 아는 말이야. 몽꽁이처럼 생겼지만, 공부는 반에서 1등을 한다네."

2. "가는 언나(애기) 때는 다들 몽꽁이라고 놀랬는데 말이야. 커서는 인물이 훤하잖소."

3. "우리 집 몽꽁이! 돌이 지나자 바로 오줌을 가리더니 말도 빨리 배우네.

이 '몽꽁이'라는 말을 삼척지방에서만 쓰는가 했는데요. 확인을 해보니 인근의 정선이나 동해·강릉 쪽에서도 쓰고 있음을 알았습니다. '몽꽁이'란 말은 짐승에게도 씁니다. 쓰이는 사례를 두 사람의 대화로 엮어봅니다.

갑 : "같은 배에서 나온 강아지가 말이야. 다 예쁜데 한 놈만 몽꽁이야."
을 : "이 사람아! 맨 처음 나온 고무열이라서 그래. 고무열 말이야"

위의 대화에서 갑자기 고무열이라는 말이 니왔습니다. '고무열' '고무열이'라는 말도 삼척지방 말인데요. 한 태(胎)에 낳은 여러 마리 새끼 가운데 가장 먼저 나온 새끼를 이르는 말입니다. 이 말의 표준말은 '무녀리'인데요. 왜소한 체구, 말이나 행동이 좀 모자란 듯이 보이는 사람을

'고무열' 또는 '고무열이'라고 놀리는데요. 예전 꿀돼지를 키울 때 보았는데요. 가장 먼저 나온 돼지 새끼는 동생들보다 체구가 작고 약골이었습니다. 허약해서 어미 젖꼭지 쟁탈전에도 뒤졌고요. 주인이 특별히 돌보아 주어도 몸이 허약했습니다.

 위에서 언급한 몽꽁이와 고무열이! 오래간만에 들어보셨지요? 아니면 처음 들어보셨지요? 아쉽게도 국어사전은 물론 방언사전 어디에서도 이 어휘들을 찾아볼 수가 없습니다. 오늘도 저는 그런 신세의 말들을 찾아내려고 길을 나섭니다. 그래서 그들을 언어의 호적부인 사전에 올리겠습니다. 저잣거리에 정처없이 헤매던 그들! 호적에 올려주면요. 나에게 고맙다는 인사를 하겠지요. 희한한 인사를 받겠다는 제가 우섭습니다.

12. 한여름 강에서 즐기는 뽕고기낚시

 이른 봄이 되면요. 동해를 끼고 있는 강에는 은어가 올라옵니다. 사람들은 김발 낚시 또는 파리낚시라는 아주 작은 낚시로요. 어린 은어를 낚지요. 7~8월이 되면요. 은어가 훌쩍 자라는데요. 이때는 낚시 바늘에 달린 미끼를 물게 하여 잡는 방식이 아니고요. 은어의 몸이 낚시에 걸리는 방식으로 잡습니다. 아시다시피, 은어는 하천 바닥의 자갈이나 돌에 붙어있는 물이끼나 플랑크톤을 먹고 자랍니다. 떼를 지어 사는데요. 수초가 발달한 곳에 일정한 영역을 확보하고 살지요. 사자와 같이 큰 동물도 그들의 영역에 다른 무리가 침범하면요. 싸워 물리치는 습성이 있는데요. 물고기인 은어도 마찬가지입니다.

 사람들은 여름에서 초가을까지 강에서 은어 낚시를 하는데요. 그럴 땐 우선 살아있는 은어를 준비하고요. 낚싯줄 끝의 바늘에 산 채로 코를 걸고는요. 꼬리지느러미 뒷부분의 줄에도 삼발이같이 뾰족한 바늘 뭉치를 달지요. 이런

채비가 끝나면요. 코가 꿰인 녀석을 은어가 있을 만한 계류에 풀어놓는데요. 코가 꿰인 은어는요. 먹이나 은신처를 찾아 움직이는데요. 이를 발견한 다른 은어들은 초비상이 되고요. 침략자이자 뜨내기 격인 녀석을 공격하는데요. 세차게 침입자를 몰아내려다가 보면요. 오히려 자신이 걸리게 되지요. 꼬리 부근의 뾰족한 낚시에 걸리는데요. 배나 등이 걸리거나 심지어 지느러미가 걸려 바둥대지요.

위와 같이 자기 세력권 안에 다른 은어가 침입하면요. 거기에 서식하던 은어들이 침입자를 공격하는데요. 그런 습성을 이용하여 다른 은어를 꾀어서 잡습니다. 이러한 낚시 방법을 '꾐낚시', '놀림낚시'라고 합니다. 코를 꿰어 물속에 넣는 은어는요. '미끼 은어' 또는 '씨은어'라고 합니다. 그런데 삼척지방에선 이런 표준말을 쓰지 않고요. '뽕고기' '뽕고기낚시'라고 말합니다. '뽕' 자가 들어가니 누에의 먹이인 '뽕'과 관련 있는 말이거나 마약의 일종인 '히로뽕'을 연상할 것 같기도 한데요. '뽕고기낚시'의 '뽕'은 이들 말과 전혀 상관이 없습니다. '뽕고기'와 '뽕고기낚시'라는 말은 국어사전은 물론 사투리 사전에도 안 나오고요. 인터넷서핑을 해보아도 검색되지 않습니다.

'뽕고기'의 어원에 대해선 저도 확실히는 모르겠습니다.

저는 '봉'에서 나온 말로 생각합니다. 우리는 "누굴 봉으로 아나?"라는 말을 쓰는데요. 이때의 '봉'이란 말은 '남의 말에 잘 속는 어리숙한 사람'을 뜻하지요. 꾐에 빠진 은어 또한 어리숙해서 낚시꾼에겐 봉인 셈인데요. 그래서 처음에는 '봉고기' '봉고기낚시'로 불리다가 '뽕고기' '뽕고기낚시'로 변형된 것 같습니다. 한편, 봉돌에서 유래된 것 같기도 합니다.

 은어와 관련한 이야기를 더 해보겠습니다. 은어는 삼척의 오십천을 비롯한 근덕의 소한천과 마읍천, 원덕의 가곡천에 올라옵니다. 멀리 남으로 울진(왕피천) 영덕(오십천), 북으로 동해(전천), 옥계(주수천), 강릉(남대천·연곡천), 양양(남대천)에도 올라오지요. 은어는 뼈가 억세지 않아 뼈째 회로 먹는데요. 맴내(해감내)가 나는 게 흠이라면 흠이지요. 일부 사람들은 그 냄새가 수박 향, 더덕 향 같다고도 합니다. 은어는 구워 먹거나 졸여 먹기도 하는데요. 젓갈로도 담지요. 은어 젓갈은 체했을 때 특효약이란 말이 있습니다. 1978년 8월 말, 어느 날이었습니다. 노곡면 마읍출장소에 근무할 때인데요. 활바지(弓田) 계곡 소(沼)에서 뽕고기낚시로 잡아 온 은어, 꽁치처럼 컸습니다. 지금도 마읍천 상류에 그렇게 굵은 은어가 서식하는지가 궁금합니다.

5부 \ 삼척에서만 쓰는 독특한 말

1. '계(契)를 갈다'와 색, 그리고 '차지'

 강릉 사람들은 둘만 모여도 계 모임을 한다는 말이 있습니다. 삼척 사람들도 계를 많이 합니다. 친족끼리는 형제계, 남매계, 사촌계 등이 있고요. 목적을 위해서는 상포계, 반지계, 독신계(외아들끼리의 모임) 등이 있지요. 계를 통해 친목을 도모하고 상호부조도 합니다. 지금은 계 모임을 할 때 음식점에서 하지만요. 예전 농경사회에서는 가정에서 치렀습니다. 술과 안주를 준비하여 계원들을 초청하였습니다. 모여서 푸짐한 음식을 함께 하며 즐기는데요. 이를 '계를 간다'고 했습니다. 논밭에 농작물을 심으려고 땅을 갈(耕/cultivate) 때 '땅을 간다'고 하는데요. 이 말을 써서 '계를 간다'고 한 것이지요. 따라서, 계모임을 '계갈이' 또는 '계갈이 모임'이라고 하였습니다. 참 특이하지요?

 계갈이는 순번을 정해 돌아가며 하는데요. 차례가 되어 음식을 준비하는 사람을 '색'이라고 하였습니다. '색'은

'유사(有司)'와 같은 의미이기도 하고 당번이기도 한데요. 이 또한 삼척지방에서만 쓰는 아주 특이한 말입니다. 자신의 차례, 즉 당번 격인 색이 되면요. 미리 음식을 바웁니다. 모임 일주일 전에 막걸리를 담그고요. 전날에는 떡을 하고 소두뱅이[1]에 기름칠을 해 밀가루나 메밀가루 적(炙)을 부쳤지요. 이 외에도 잡채나 돼지고기, 두루치기 등 맛있는 음식을 바웠는데요. 이렇게 이지가지[2] 음식을 바워야 하는 일은 여성들의 몫이었습니다. 위에 여러 번 등장하는 '바우다'라는 어휘는 앞에서 자세히 언급하였습니다만, 음식을 '장만하다 또는 준비하다'는 말입니다.

그 시절엔 주로 농한기인 겨울철에 계를 갈았는데요. 정라진 항구에 많이 나는 양미리나 명태, 노가리 같은 어물을 사다가요. 무와 함께 넣고 푹 끓였지요. 이걸 '무꾸때리미'라고 하는데요, '무꾸때리미'에 대해서는 앞에서 이미 말씀 드렸습니다. 막걸리 한 잔을 마시고 안주로 무꾸때리미를 먹으면요. 그것만으로도 행복감을 느꼈는데요. 그렇게 즐기며 놀다가 저녁때가 되면요. 칼국수를 해 먹었는데요. 맨 밀가루 국수가 아니고요. 콩가루가 들어간

---

[1] 솥뚜껑 [2] 이것저것, 이런저런

콩칼국수였지요. 막장을 푼 국물에 콩가루가 들어간 국수는 아주 구수했고요. 거기에다 삶은 산토끼나 꿩고기를 찢어서 꾀미[3]를 올리면요. 최상의 국수였지요.

위에서 언급한 '계갈이' '색'이란 말과 달리 '차지'라는 말도 있는데요. 이 말은 빌린 땅을 의미하는 차지(借地)와는 다른 말입니다. 다음과 같은 경우에 '차지'라는 말을 썼습니다. 예전에는 조상을 모시는 일이 중요해서 문중마다 문토(門土) 또는 위토(位土)라는 것이 있었는데요. 종중 또는 문중의 토지를 부친 사람은 수확물 일부를 가지는 대신 시제에 필요한 제수 음식을 차리는 담당을 해야 했지요. 해마다 일가 중에 문중 땅을 부칠 사람을 정하였는데요. 다음 해에 부칠 사람을 정하는 것을 '지정을 한다'고 했고요. 이때 지정은 한자 '指定'입니다. 그렇게 하여 문중 토지를 부쳐 제수 음식의 책임을 진 사람을 '차지'라고 했습니다. 계 모임 경우도 다음과 같은 말을 사용하기도 합니다. '이번 차지는 나다' 또는 '이번 차지는 누구지?'라고 묻기도 합니다.

---

[3] 고명

위에서 보듯이 '계를 갈다', '계갈이', '색', '지정', '차지'라는 말속에는 예전 농경시대 사람들의 삶과 문화가 녹아있는데요. 세월이 흘러 젊은 세대 분들은 어휘도, 어원(語源)도 아예 모르는 말이 되었습니다.

2. 곤두벌거지

곤두벌거지? 삼척·동해 사람들이라도 50대 이하의 연령층에선 아주 생소한 말로 들릴 것입니다. 그 이상 세대도 모르는 분이 있을 것 같은데요. 그래도 60대 이상 분들은 아실 것 같습니다. 곤두벌거지를 설명하려면 모기 이야기를 하지 않을 수가 없습니다.

기후 환경의 변화와 농약의 과다 사용으로 지금은 모기가 예전처럼 많지는 않습니다. 하지만, 1970년대까지만 하더라도 매우 많았습니다. 어둑어둑할 무렵 마당에서 저녁밥을 먹을 때는요. 쑥대로 모깃불을 피워야 했고요. 밤에 마루나 멍석 위에서 쉴 때도요. 모깃불을 피웠습니다. 특히, 재래식 변소는 모기떼의 소굴이었습니다. 밤중에 쭈그리고 앉아 일을 볼 때면요. 떼로 달려들었습니다. 조금 과장해서 뭉치로 덤벼들었는데요. 한밤중에 웬 떡이냐 싶었는지, 얼굴이나 팔다리, 엉덩이를 가릴 것이 없이 마구 대들어 물었습니다.

그 시절엔 모기장을 쳐야만 잠을 잘 수 있었고요. 모기장이 없는 가정은 문짝 반쯤 문종이를 걷어내고요. 거기에 모기장 조각을 풀로 발라서 여름을 났습니다. 모기 몇 마리가 모기장 안으로 들어오면요. 그걸 소탕하느라고 잠을 설치기도 했습니다. 바닷가 인근에 사는 사람들은 그런 걱정이 덜했는데요. '불잠'이라고 해서 모기떼를 피하는 방법이 있었지요. 저녁에 돗자리와 담요를 들고 바닷가에 가서요. 모래 위에서 잠을 자기도 했습니다. 바다에는 시원한 바람이 불었고요. 모기가 없었기 때문이지요.

모기도 다른 곤충과 마찬가지로 알→유충→번데기→성충의 과정을 거칩니다. 유충인 애벌레의 표준말은 장구벌레입니다. 그런데요. 삼척지방에선 '곤두벌레' 또는 '곤두벌거지' '곤두벌기'라고 했습니다. 아시다시피, '벌거지'와 '벌기'는 '벌레'의 방언입니다. 그러면 삼척지방 선인들은 왜 장구벌레를 '곤두벌거지'라고 했을까요? 이 말을 이해하려면요. '곤두'라는 낱말과 '곤두서다'라는 어휘를 살펴볼 필요가 있습니다. '곤두'라는 말은 몸이 뒤집혀 갑자기 거꾸로 내리박히는 것, 즉 곤두박질을 의미합니다. 한편, '곤두서다'는 거꾸로 꼿꼿이 서는 것을 뜻합니다.

위의 두 어휘와 연관하여 장구벌레의 습성을 살펴보겠습니다. 모기의 애벌레인 장구벌레는 웅덩이 같은 고인 물에 삽니다. 몸은 길쭉한데 머리 부분이 유난히 큽니다. 물속에서 헤엄을 치며 사는데요. 이따금 수면 위로 올라왔다가 내려갑니다. 산소를 마시기 위해 그런 것 같은데요. 자세히 보면요. 꼬리를 흔들며 직립으로 올라왔다가 곤두박질치듯이 거꾸로 내려갑니다. 옛 어른들은 모기 애벌레의 이러한 습성을 보고 이름을 지었습니다. 의태어(擬態語)란 말입니다.

표준말인 장구벌레, 장구처럼 생겼나요? 의미와 이름이 연상되지 않지요? 그런데 곤두벌거지는 이름만 들어도 모기 애벌레의 모습이 연상됩니다. 우리 고장 선인들은 이렇게 표준말과 다른, 지역만의 어휘를 만들어 썼습니다. 참고로 함경도에선 '곤두벌거지'를 '곤디벌거지'라 한다고 합니다.

3. 범물과 톱

 범물과 톱! 이 말들은 삼척지방의 어촌에서 쓰는 말인데요. 예전 사람들은 수심이 얕은 바다에도 고기잡이 그물을 쳤는데요. 통나무를 엮어서 만든 떼나 덴마(일본말인 '전마선(傳馬船·てんま)'에서 유래된 말)가 있는 어촌에선 그걸 이용해 그물을 쳤지만요. 배가 없는 곳에선 궁여지책으로 맨몸으로 바다에 들어가 그물을 쳤지요. 주로 맹방 사람들이 그랬는데요. 서산에 해가 지기 전, 저녁 무렵에 그물을 쳤는데요. 사람이 그물을 끌고 들어가 쳤지요. 한 길이 넘는 바다엔 들어갈 수 없어서 못 치고요. 한 길이 안 되는 얕은 바다에 쳤습니다. 그래서요. 파도가 궂은날은 못 쳤고요. 그렇지 않은 날에만 쳤지요. 바다에 친 범물은 일종의 정치망(定置網)이라 할 수 있는데요. 먼바다에 여러 날 쳐놓는 것이 아니라 단 하룻저녁에만 치는 그물입니다.

 쳐놓은 그물은 밧줄로 이어 바닷가의 모래톱에 묻어두

었는데요. 밧줄 끝에는요. 파도에 떠내려가지 않도록 무거운 돌을 달아서 묻었지요. 이튿날 새벽에 그물을 걷으러 바닷가로 나갔는데요. 설레는 마음으로 그물을 당기면요. 펄떡펄떡 뛰는 가자미와 광어, 황어가 걸려 있었고요. 불기(게蟹)도 걸려 있었지요. 눈(雪) 녹은 물이 바다로 흘러드는 이른 봄엔 속살이 빨간 송어가 걸려 있기도 했습니다.

앞에서 언급했듯이, 사람이 직접 그물을 끌고 바다에 들어가 사려놓기 때문에요. 깊은 바다엔 칠 수가 없었지요. 이른 봄이나 겨울철, 그 차가운 바닷물에도요. 알몸으로 들어가 친 것은요. 다음 날 아침에 싱싱한 수확물을 얻을 수 있었기 때문이었습니다. 그물을 건져 올리는 재미 또한 쏠쏠했는데요. 그 재미는 그물을 쳐본 사람만이 압니다. 예전엔 그만큼 얕은 앞바다에도 고기가 많았다는 증거이기도 한데요. 낭패를 겪을 때도 있었습니다. 야간에 해안 경계를 서던 군인들이 주인 몰래 그물을 끌어당기는 일이 있었는데요. 걸린 고기를 다 떼어내고 다시 쳐놓으니 고기가 있을 리가 없었지요. 그들로선 장난삼아 한 행동이지만요. 애써 그물을 친 사람으로선 황당한 일이었습니다.

덕산이나 후진과 같은 어촌마을 사람들은 배를 이용해 좀 더 깊은 바다에까지 가서 그물을 쳤을 겁니다. 그러나 배가 없는 맹방 사람들은 한 길이 안 되는 얕은 바다에 그물을 쳐 고기를 잡는 것만으로도 만족했습니다. 이처럼 수심이 얕은 바다에 치는 소규모의 그물을 '범물'이라고 했습니다.

다음은 '툽'이란 어휘입니다. 범물이 물에 뜨게 하려면 벼리(그물줄)에 가벼운 나무때기를 듬성듬성 달아놓아야 하는데요. 이 나무때기를 '툽'이라고 했습니다. 굴참나무 껍질인 굴피를 다듬어서 만들었지요. 배 모형 또는 긴 타원형으로 만들었는데요. 끝쪽 귀퉁이에 그물을 맬 수 있는 조그만 홈을 냈지요. 아시다시피, 굴피는 다른 나무에 비해 아주 가볍습니다. 코르크 성분 때문인데요. 물에 오래 두어도 젖지 않는 장점이 있습니다. 그 성질을 이용하여 툽으로 쓴 것이지요. 이외에도 목질이 가벼운 측백나무나 노간주나무, 오동나무를 말려 깎아서 툽으로 쓰기도 했는데요. '툽'의 표준말은 '보굿'입니다.

배가 없는 바닷가 근처 사람들의 이러한 전통적인 어로 방법도요. 1980년대로 넘어오면서부터 명맥이 끊겨가기 시작하였는데요. 맨몸으로 바다에 들어가 범물을 치던 어른들이 한 분, 두 분 돌아가시고요. 아래 세대 사람들에게 전수되지 않았기 때문이지요. 세월이 흘러 이젠 범물이나 톱을 아는 사람이 거의 없을 것 같은데요. 한 이십 년쯤 지나면 전설 속에서나 있는 말이 될 것 같습니다. 이렇게 조상 대대로 써온 보물과 같은 말들이 하나둘 사라져가고 있습니다.

4. 태풍과 무시깨비

 몇년 전 9월 초, 태풍 '마이삭'과 '하이선'이 동해로 빠져나가면서요. 삼척지방에도 많은 비가 내렸습니다. 삼척의 젖줄인 오십천이 범람했고요. 둔치의 장미공원도 물에 잠겼습니다. 2002년 '루사', 2003년 '매미' 태풍 때는 더 말할 수 없는 큰 피해가 났고요. 1959년 '사라호' 태풍 때도 그랬고요. 더 오래전인 1936년 병자년 개락[1] 때도 많은 피해가 있었습니다.

 개락이 나서 하천이 범람하면요. 온통 진흙탕물이었고요. 모래 자갈, 돌은 물론 나무가 뿌리째 뽑혀 떠내려갔습니다. 하천가의 농경지는 물론 집도 떠내려갔고요. 소중히 기르던 소, 돼지도 떠내려갔습니다. 후진이나 맹방 해변에는요. 이러한 것들을 비롯한 바다 밑의 해초, 온갖 쓰레기들이 쌓였습니다. 그렇게 떠내려온 나뭇개비를 비롯한 바닷가에

---

1) 홍수, 큰물이 지는 것을 개락이라고 한다.

쌓인 잡동사니들을 '무시깨비'라고 하였습니다. 지금은 이러한 쓰레기들을 치우려면 일부러 인력과 중장비를 들여 치워야 합니다. 하지만, 예전엔 그렇게 하지 않더라도 말끔히 치워졌습니다.

개락이 나면요. 산중 사람들은 수해로 울상이었지만요. 바닷가 사람들은 횡재를 한 격이었습니다. 바닷가의 사람들은 그런 잡동사니들을 주워 와 긴요하게 쓸 수 있었기 때문이지요. 떠내려온 통나무는 건져다가 재목으로 썼고요. 뿌리째 떠내려온 등걸과 잡동사니는 말려서 땔감으로 썼습니다. 바닷가에 밀려온 것 중에는 가래추지가 있었고요. 해래좆이라는 것도 있었습니다. 가래추지는 가래 열매입니다. 강원도 영동지방에선 호두를 추지라고 하는데요. 추지는 추자(楸子)에서 나온 말입니다. 가래추지는 속살은 적지만요. 바늘로 파먹으면 아주 고소했습니다. 해래좆은 갑오징어의 속 뼈인데요. 석회질 성분의 두툼한 뼈로 아주 가볍습니다. 가루를 내어 뒀다가 상처가 난 곳에 바르면 금방 아물었습니다.

조선시대에도 오십천이 범람한 경우가 많았는데요. 1662년 허목(許穆) 부사가 쓴 『척주지(陟州誌)』에 그런 기록이 나옵니다. 구불구불, 사대광장 쪽으로 휘돌아 봉황산 밑으로 흐르는 오십천이 범람하면요. 삼척 시가지가 물바다가 되는 경우가 많았습니다. 그래서 육향산에 퇴조비(退潮碑)를 세웠다고 합니다. 매년 계속되던 삼척 읍내의 물난리는요. 1960년대 남산절단공사란 공사가 완공되면서 해소되었습니다. 오십천 물이 삼척 시내를 휘돌지 않고요. 바로 정라진 쪽으로 흐르게 되었기 때문입니다.

이 공사로 인해 물이 흐르던 유역은 부지(敷地)가 되었고요. 그 땅에 많은 건물이 들어섰습니다. 그런 대역사를 추진한 군수가 바로 김동석(金東石, 1923-2009) 군수입니다. 김 군수는 북한군 장성을 납치해 온 대한민국 전사에 이름난 영웅이기도 합니다. 그는 가수 진미령의 아버지이기도 합니다. 삼척시민들은 김 군수의 공적을 잊지 말았으면 좋겠습니다. 위에서 언급한 '무시깨비', '가래추지', '해래좆'은 오래전부터 써 온 삼척지방의 방언입니다.

5. 포디기를 많이 먹으면 입천장이 벗어지고 속이 대루워요

 오래간만에 재래시장 구경을 갔었는데요. 이곳저곳 눈요기를 하고 나서 후미진 쪽으로 돌아가는데요. 갑자기 '펑'하는 소리가 들렸습니다. 깜짝 놀라 소리 나는 쪽을 바라보았지요. 흰 연기가 뭉실뭉실 났고요. 고소한 냄새가 풍겼지요. 금방 강냉이 포디기를 튀겼더군요. 옛날엔 많이 봤지만요. 모처럼 보는 풍경이라 정겨웠는데요. 문득 어린 시절 생각이 났습니다. 위에서 포디기는 포데기라고도 하는데요. 튀밥 또는 뻥튀기를 말합니다.

 요즘은 포디기를 먹고 싶으면요. 언제든지 사 먹을 수 있는데요. 그런데 제가 어릴 때인 1950~1960년대에는요. 쌀포디기나 강냉이포디기를 실컷 먹어볼 수 없었습니다. 간혹 시키면 보리쌀이나 밀을 튀겨먹긴 했지만요. 하얀 입쌀을 튀겨먹는다는 것은 상상할 수 없는 일이었습니다.

물론, 잘사는 집은 명절이나 제사 때 입쌀을 튀겨 과질[1]을 만들긴 했지만요. 그렇지 않은 서민들은 쌀로 포디기를 튀겨먹을 수가 없었지요. 끼니를 이을 양식조차 부족한 형편에 입쌀을 튀겨먹는다는 것은 있을 수가 없는 일이었다 이 말씀입니다.

 강냉이 포디기가 귀했던 이유가 있는데요. 그 시절 강냉이를 많이 심구는[2] 영세[3]지방인 하장이나 정선 같은 곳에선요. 강냉이를 많이 재배하니요. 강냉이로 술을 해 먹고요. 포디기도 튀겨먹었지요. 하지만, 영(嶺)아래 평야지대에선 옥수수를 많이 재배하지 않았기 때문에 그랬습니다. 요즘 근덕장(교가장, 조개장이라고도 한다)이 쪼그라들어 아주 초라하게 서는데요. 예전엔 아주 크게 섰습니다. 그때 장거리에 강냉이 포데기를 파는 전(廛)이 있었는데요. 신문지를 고깔처럼 말아서요. 그 속에다 강냉이 포디기를 넣어서 팔더군요. 비닐봉지가 없던 시절이라 종이로 고깔 봉투를 만든 것이지요.

 그런데요. 포디기는 찰강냉이를 튀긴 것보다는요. 메강

---

1) 과줄 2) 심는 3) 영서(嶺西)

냉이를 튀긴 것을 더 알아주잖소. 찰강냉이는 튀겨놔도요. 거칠고 딱딱한 느낌인데요. 메옥수수 포디기는요. 찰강냉이보다 더 부풀어 알이 굵고요. 더 부드럽고 더 구수하기 때문에요. 훨씬 먹기 좋잖소. 이따금 영화관에 가면요. 젊은이들이 팝콘을 먹는 것을 보는데요. 요즘의 팝콘이 아무리 좋다고 한들 어디 알이 굵고 부드러운 메옥수수 포디기에 비교할 수 있겠소. 아시다시피, 포데기는 중독성이 강한 식품인데요. 입에 댔다고 하면 자꾸 먹게 되는데요. 한 가지 이상한 것은 그렇게 계속해서 먹어도요. 배가 부르지 않잖소. 쉴 새가 없이 포디기에 손이 가다간요. 입천장이 벗겨지고 목구멍에서는 생목이 올라옵니다.

다음은 속이 대룹다는 어휘에 대해 알아보겠습니다. '속이 대룹다'는 말은 '속이 부대끼다'라는 말인데요. 속이 볶이거나 매스꺼운 것을 뜻하는 삼척지방의 사투리입니다. 빈속에 떫은 감이나 생미역을 많이 먹어도 속이 대룹고요. 미역꾸다리[4]를 많이 먹어도 그렇고요. 엿을 많이 먹어도 속이 대룹습니다. 이 글을 읽는 사람 중엔 포디기를 먹다가 입천장이 벗어지거나 속이 대루워 고생한 분이 더러 있

---

4) 미역귀

으실 텐데요. 그 시절 '굴뚝과자'나 '밥풀과자' '막과자'를 많이 먹어도요. 입천장이 벗어졌습니다. 제 말에 "맞아 그 땐 그랬어."라며 공감하는 분이 있으실 것 같습니다.

  위에서 여러 차례 언급한 '포디기' 또는 '포데기'라는 말은요. 삼척·동해·태백지방에서만 쓰는 말인데요. 쌀이나 밀, 보리, 옥수수 같은 곡식을 뻥튀기 기계에 튀겨낸 것을 말한다는 것은 위에서 언급했습니다. '포데기' 또는 '포디기'라는 어휘는 또 다른 의미로도 쓰이는데요. 그 이야기는 이어서 말씀드리겠습니다.

6. '포디기'와 '포디기씌우다'

앞 편에 '튀밥' 또는 '뻥튀기'를 의미하는 '포데기(포디기)에 대해 말씀드렸습니다. 그런데요. 다른 의미로도 쓰이는 경우도 있는데요. 그 얘기를 하기 전에, 아이(兒) 이야기를 먼저 해 봅니다. 삼척을 비롯한 영동지방에선 아이를 그냥 '아'라 하고요. 애기를 '언나', '안나', '알라', '얼라'라고도 합니다. 낳는지 얼마 안 된 아이는 '햇아', '햇안나', '햇언나', '햇얼라'라 하고요. 여아는 '햇간이' '햇님이'라고도 하지요. 아가 어려 똥오줌을 못 가릴 땐요. 기저귀를 채워 키웠고요. 좀 크면 옷을 벗지 않고도 대소변을 눌 수 있는 내복을 입혔는데요. 궁둥짝이 드러난 옷인데요. 겨울엔 이 옷을 찬 옷 그대로 입히지 않았습니다. 아랫목 이불 속에 두거나 화롯불에 데워서 입혔지요. 가랑이 밑이 드러난 이 바지를 북한에선 '짜개바지' 또는 '짝바지'라 한다는군요.

1970년대까지만 하더라도 얼라를 재울 때는요. 포대기를 덮어서 재웠지요. 포데기는 포대기의 사투리인데요. 아이를 둘러업을 때도요. 포데기를 둘러싸고 띠로 질끈 동여매었지요. 이렇게 포데기는 아이들의 이불로 썼고요. 업을 때도 썼습니다. 포데기는 '포디기' '퍼데기' 또는 '퍼디기'라고도 하는데요. 요즘 젊은이들은 아이를 업을 때 포데기를 쓰지 않고요. 멜빵으로 앞가슴이나 등에 아이를 메고요. 유모차에 태워 다닙니다. 그래서 요즘은 아이를 업을 때 포데기를 사용하는 것을 볼 수가 없습니다.

그런데요. 희한하게요. 미국이나 유럽 쪽 선진국 젊은 엄마들이요. 우리나라의 '포대기'에 관심을 가진다잖소. K-Pop과 K-드라마가 한류의 대표적 상품이라는 점은 이미 아실 테고요. 최근엔 우리의 반도체, 자동차, TV, 핸드폰도 세계시장을 주름잡고 있습니다. 그런 정도는 아니지만요. 반세기 전에 우리들의 할머니와 어머니들이 썼던 '포대기'가요. 미국 온라인 쇼핑몰인 아마존에서 당당히 팔리고 있다는데요. 그들이 포대기에 관심을 갖는 이유는요. 엄마가 아이를 가장 가까이서 돌볼 수 있는 장점이 있어서고요. 아기와 밀착되어 있어 친밀감을 높일 수 있어 좋고요. 아이의 정서발달에도 크게 도움이 된다고 해서 그런다고 합니다. 또, 아일 돌보면서도요, 두 손으로 다른 일을 할 수 있어 좋고요. 겨울철 바깥에 나다닐 때는 추위를 막을 수 있어서 좋다는군요. 들어보니 어때요? 우리들의 선조들이 썼던 포대기가 장점이 너무 많네요.

이번에는 '포데기(포디기)쓰다' 또는 '포데기(포디기)씌우다'라는 말인데요. 이 말도 참 재미있는 말입니다. '포디기쓰다'는 말은 '(몽땅) 덮어쓰다' '덤터기를 쓰다' '누명을 쓰다' '바가지를 쓰다'라는 말이고요. '포데기(포디기)씌우다'라고 말하면요. '덤터기를 씌우다', '누명을 씌우다', '바가지를 씌우다'라는 말입니다. 어원(語源)은 다음과 같습니다. 사람몸에 크고 넓은 포대기를 덮어씌우면요. 옴짝달싹할 수 없는데요. 그런 모습에서 유래된 말로 여겨집니다. 아래 예문(1)의 경우는 '덤터기를 썼다'라는 말이고요. (2)의 경우는 '누명을 씌우다'라는 뜻입니다.

(1). "친구 넷이 술 내기 뻥을 쳤는데야, 내가 포데기(포디기)를 쓰고 말았잖나."
(2). "어제 참외밭에 도둑이 들었는데요. 난 안 훔쳤는데 내게 포데기(포디기)를 씌우잖소."

위와 같이 '포데기' 또는 '포디기'는요, '튀밥' 또는 '뻥튀기'를 의미하는 말이고요. 아이를 업거나 잠잘 때 덮는 '포대기(褓)'로도 쓰입니다. 그리고 '포데기' 또는 '포디기'에 '쓰다'나 '씌우다'라는 말을 덧붙이면요. 엉뚱한 말이 되는데요. '덮어쓰다', '덤터기(를) 쓰다', '덮어씌우다', '누명을 씌우다'라는 말이 됩니다. 삼척말, 참 이해하기 어렵지요?

7. 상복(喪服)과 닮은 매미몽상

 귀뚜라미가 가을의 전령사라면요. 매미는 한여름을 상징하는 곤충입니다. 종류에 따라 울음소리가 다양합니다. 참매미는 '맴맴' '매암매암' 하고요. 말매미나 쓰르라미는 요란하게 웁니다. 매미의 울음소리에 대해선 소설 속에서도 많이 나옵니다.

 이병주의 『지리산』에는 "가만히 듣고 있으면 그저 요란한 매미 소리에도 기복(起伏)이 있고 장단이 있었다."라는 구절이 있고요. 박경리의 『토지』에는 "귀청이 윙윙 울리도록 시끄럽게 울어대는 매미 소리가 싫지 않은 것이 이상했다."라는 구절이 있습니다. 또한, 전상국의 『하늘 아래 그 자리』라는 소설 속에는요. "산과 강이 조화롭게 둘러선 오지의 마을은 그처럼 극성스러운 매미 울음소리에도 불구하고…."라는 구절이 있으며, 이문열의 『영웅시대』에는 "휑한 머리로 방금 매미가 요란스레 울고 있는 안뜰의 석류나무를 보고 있는데 갑자기 안채 대문이 열렸다."라는 구절도 있습니다.

 매미의 울음을 작가마다 다양하게 묘사하고 있습니다. 한 구절씩만 읽어 보아도 참 재밌습니다. 그런데요. 제가 생뚱맞게 매미몽상이라는 이상한 어휘를 제목으로 들고 나오니요. 다들 의아하게 느끼실 것 같은데요. 매미몽상이란 어휘는 합성어 입니다. 매미+몽상 말이지요. 앞부분의 매미는 곤충인 매미가 맞지만요. 뒤의 몽상은 일반적으로 생각하는 몽상(夢想)이 아닙니다. '실현 가능성이 없는 헛된 생각'을 의미하는 몽상(夢想)이 아니라는 말이지요. '매미몽상'이란 말은요. 1960년도 전후, 제가 고향에서, 어머니께 들었던 어휘입니다. 매미몽상은 매미가 탈바꿈할 때 벗은 허물을 말합니다. 국어사전에는 '매미허물'이라는 어휘는 없고요. 선퇴라는 어휘가 있습니다. 설명은 다음과 같습니다.

> 선퇴(蟬退) 「명사」 『한의학』 매미가 탈바꿈할 때 벗은 허물. 성질이 차서 두드러기, 경풍(驚風) 따위에 쓴다. 늑선세05(蟬蛻)·조갑02(蜩甲).

 위에서 보듯이, 매미몽상은 한약재로 쓰입니다. 껍질의

모습은 반투명으로 약간 누런색을 띱니다. 시일이 지나면 흰색으로 바래기도 하지요. 왜, 매미의 허물을 몽상이라고 하는지에 대해 생각해 봤습니다. 예전에 상(喪)을 당하면 상주는 삼베로 만든 상복을 입습니다. 이것을 한자로 몽상(蒙喪)이라고 합니다. 저는 이 어휘가 매미의 허물을 의미하는데 차용되었다는 생각입니다. 매미가 탈바꿈한 껍질과 상복을 비교해 보십시오. 둘 다 누런 색깔에다가요. 상복과 비슷하지 않나요?. 매미에다 '몽상(蒙喪)'이란 한자를 써서 좀 유식하게 표현했다고 생각합니다.

그런데요. 탈바꿈하는 동물에는 뱀도 있고 다른 곤충도 있습니다. 그러나 그런 동물의 허물에 대해서는 몽상이라 하는 것은 듣지 못했습니다. 상복을 의미하는 몽상이란 어휘는 사전에 다음과 같이 표현하고 있습니다.

몽상(蒙喪)「명사」: 부모상을 당하고 상복을 입음

다른 지역에서도 매미몽상이란 어휘를 쓰는지를 살펴봤습니다. 인터넷에 두루 검색을 해봐도요. 제가 말하는 의미로 쓰이는 것을 찾지 못했습니다. 그래서 저는 이 어휘가 동해·삼척을 비롯한 영동지방에서만 쓰였던 어휘로 추정합니다. 쓰이는 지역이 극히 제한적이라는 생각입니다. 시대적으로는 1960년대 이전에 사용했던 어휘인데요. 지금 사람들로선 아주 생소한 어휘가 되고 말았습니다.

8. 이런 지기와 저런 지기

  예전 어른들이 논물을 보러 가실 때는요. 자루가 긴 논물괭이를 들고 가셨습니다. 논에 도착하면요. 먼저, 도랑에 물이 잘 내려오는지를 살폈고요. 물풀이 쌓인 곳이 있으면 치우고요. 그리고 나선 논과 논 사이에 있는 물꼬를 돌아봅니다. 논물은 매일 봐야 하는 게 기본인데요. 집안에 일이 있어 며칠 동안 못 보고 오늘 논물을 보러 왔습니다. 그랬더니 물꼬가 터져 아래 논으로 물이 마구 흐릅니다. 그럴 때 다음과 같이 푸념하며 진흙으로 물꼬를 싸 바릅니다.

  "이런 지기! 며칠 논물을 못 봤더니 아꾼[1] 논물이 다 새네."

  또 다른 이야긴데요. 예전 아궁이에 불을 때던 시절, 땔감을 준비하는 일은 농촌의 큰일이었습니다. 너나없이 산에

---

1) 아까운

가서 나무를 해와야 했는데요. 아이들도 나무를 해오는 일을 거들어야 했습니다. 그래서 초등학생 정도만 되어도요. 키에 맞는 작은 지게가 있었지요. 아이들은 부모님을 도와 그 지게로 볏단, 보릿단 한 단이라도 날라야 했고요. 소의 꼴은 물론 나무를 해서 져와야 했습니다. 초등학교 아이가 산에서 소깝[2]을 한 짐 해서요. 지게에 지고 비탈길을 내려오다가요. 발을 헛디뎌 고마네[3] 골짜기에 지게를 처박고 말았습니다. 지게의 짐이 한쪽으로 쏠려 그랬습니다. 작대기로 쏠린 쪽을 받치고 나름대로 애썼지만요. 빈달[4]을 내려오다 보니 역부족이었습니다. 아시다시피, 지게에 짐을 얹을 때도 요령이 필요합니다. 무게가 좌우 균형이 되도록 얹어야 하는데요. 그렇지 못해 일어난 사굡니다. 뒤따르던 어른이 다음과 같이 한마디 합니다.

"저런 지기! 지게질을 배운 지 언젠데 안주[5] 짐을 잘 못 지우다니."

또 다른 사례인데요. 어느 할아버지가 술이 거나해 삼척시외버스터미널에서 남쪽으로 가는 버스를 탄다는 게요.

---

2) 솔가지 3) 그만, 고만에 4) 비탈 5) 아직

잘못하여 북행 버스를 탔습니다. 터미널에서 빠져나온 버스가요. 교동 철 다리를 빠져나와 강릉 쪽으로 가니 환장할 지경입니다. 그래서 다음과 같이 말합니다.

"이런 지기! 내 정신 좀 보게. 울진가는 버스를 탄다는 게 강릉 가는 버스를 탔네."

나이 드신 분들은 위에서 든 '이런 지기' '저런 지기'라는 말을 아실 것이고요. 지금도 쓰실 것입니다. '지기'라는 말은 삼척지방 사투리인데요. 표준말은 '제기'입니다. '제기랄'과 비슷한 말로, 국어사전의 설명에 의하면 '제기'는 언짢을 때 불평스러워 욕으로 하는 말이라고 하고 있습니다. 위에서 보듯이, 표준말의 '제기'를 삼척을 비롯한 영동지방에선 '지기'라고 합니다. '제기랄'이란 말은 '지기랄'이라고 말하지요. 이 글을 쓰다가 보니 우리가 흔히 쓰는 말인 '논물괭이'라는 말이 국어사전에 등재되어 있지 않은 것을 알았습니다. 이처럼 사전도 완벽하지 않습니다. 수록이 안 된 어휘들이 매우 많습니다. 국립국어원에 미안한 이야기지만 설명이 잘못된, 설명이 미흡한 어휘도 많습니다.

9. 아나!, 았다!, 았소!

 위의 말들은 삼척, 동해 지방에서만 쓰는 독특한 말입니다. 이 말들은 모두 감탄사인데요. '았다'라는 말은 표준말의 '옛다'에 해당하는 말입니다. 가까이 있는 사람에게 무엇을 주면서 '여기 있다'는 뜻의 말, 말입니다. '아나'도 같은 뜻인데요. 동격이거나 아랫사람에게 반말 조로 쓰는 말입니다. 또 '았소'라는 말은 '예 있소' '예 있어요'라는 말인데요. 가까이 있는 사람에게 무엇을 건네면서 하는 말입니다. 이 말의 표준말은 '옛소'입니다. '았소'는 아랫사람이 윗사람에게, 또는 어른들 사이에 쓰는 존댓말입니다. 이 말들의 쓰임새를 알아보겠습니다. 어머니가 서울로 떠나는 아들에게 돈을 건네주면서 말합니다.

 "아나! 이 돈을 단딩이[1] 진겼다가[2] 용돈으로 써라."

---

1) 단단히 2) (몸에) 지녔다가

또, 어머니가 몹시 떼를 쓰며 우는 아이에게 곶감을 한 개 주면서 달랩니다.

"았다! 곶감이다. 이거 먹고 그만 울거레이. 자꾸 울면 호랭이가 잡아간다."

다음은 '았소' 사례입니다. 어떤 사람이 빌린 돈을 되갚으면서 아래와 같이 말합니다. 또, 이웃 할머니께 잘 익은 홍시 한 개를 건네주면서 말합니다.

"았소! 지난번에 빌려준 돈을 받으시와."
"았소! 이거 홍실[3]이래요. 좀 잡솨보시와.[4]"

그런데요. 위의 말들을 강릉 쪽에선 좀 다르게 말합니다. 불과 60km 정도의 거리지만요. 표현이 다른데요. 삼척에선 '아나' '았다' '았소'라고 말하지만요. 강릉에선 '어나' '었다' '었소'라고 말합니다. 다른 이유는요. 삼척말은 양성모음인 'ㅏ'와 'ㅗ'를 쓰는 경향이 많은데요. 강릉말은 음성모음인 'ㅓ'와 'ㅜ'로 발음하는 경향이 많아서입니다. 이

---

3) 홍시(紅柿) 4) 잡숴보세요

러한 현상은 강릉 말과 삼척 말의 차이 중의 하나인데요. 예를 들어 '이미' '벌써'의 뜻이 있는 '하마'를 강릉 쪽에선 '하머'라 하고요. '모두'에 해당하는 방언인 '마카'라는 말도요. '마커'라고 하기도 합니다.

또, '어머니'를 삼척 쪽에선 '어마이'라고 하는데요. 강릉 쪽에선 '어머이'라고 하는 경향입니다. 이 외에도 '잘라'라는 뜻의 '짱카'를 강릉 쪽에선 '짱커'라고 하고요. '끼워'라는 말을 강릉 쪽에선 '낑고' '낑궈'라고 하지만요. 삼척 쪽에선 '낑과'라고 말합니다. 이런 차이는 매우 많아 일일이 열거할 수 없을 정도입니다. 위의 예문 중의 어미 '시와'는 '세요'라는 의미로 삼척·동해지방의 특이한 어법입니다. 그에 대해선 이 책의 맨 앞 '어데가와' 편에 이미 언급했습니다. 어떻든, '아나' '았다' '았소'라는 말은 삼척·동해지방 사람들이 쓰는 독특한 말이자 정겨운 말입니다.

10. 골리고 골리다가 지골랐다

　위의 제목, 무슨 말인지 하나도 못 알아듣겠지요? 짐작도 안 가지요? 이해를 돕기 위해 설명을 해 보겠습니다. 우리가 흔히 쓰는 말인 '고르다'라는 말이 있는데요. 이말은 여럿 중에서 가려내거나 뽑아내는 것을 말합니다. 삼척지방에선 이 말을 '골리다' 또는 '골르다'라고도 하는데요. 이와 관련한 표현 몇 가지를 들어봅니다.

　'그물에 걸린 괴기(고기) 중에 큰 놈만 골리니(고르니) 몇 마리 안 되더라.'
　'수박 덩거리(덩이) 중에 잘 익은 걸 골르느라고(고르느라고) 한참 애썼지.'

　위와 달리 '골리다' '골르다'라는 말 앞에 '지'자를 붙여 '지고르다' '지골리다' 또는 '지골랐다'라는 말도 있는데요. 이 말은 이리저리 살펴보고, 따지고 또 따져 본 다음에 골랐으나 좋은 것을 택하지 못하고 오히려 잘못 골랐을 때 쓰는 말입니다. 사례를 들어보겠습니다. 우리는 이따금 다른 지방에 관광을 가는 경우가 있는데요. 대부분의 관광지에는 음식점들이 다닥다닥 붙어있습니다. 그래서 이 집이 잘하나, 저 집이 좋은가 하고 두리번거리게 되는데요. 그렇게 찾다가 좋은 집은 놓치고 맛이 없거나 서비스가 부실한 음식점에 들리는 경우가 있습니다. 그럴 때, 후회하면서, 주인 몰래 다음과 같이 말합니다

"골리고 골리다가 지골래서 맛도 없는 집에서 점심을 먹고 말았네."

또 다른 사례입니다. 어떤 신랑짜리[1]가 제 색시짜리[2]를 찾느라고 숱하게 선을 보았는데요. 남들이 보기에는 훌륭한 색싯감인데도 불구하고요. 번번이 퇴짜(退字)를 놓다가요. 질래는[3] 앞서 선을 본 색시보다 못한 색시를 선택하는 경우가 있지요. 그럴 때 주변 사람들이 다음과 같이 말하며 쑤군거립니다.

"그 느마[4] 새끼! 지 색싯감을 골리느라고 골리고 또 골리더니 지골랐네."

---

1) 신랑 녀석, 신랑감 2) 신부, 색싯감 3) 결국에는. '질래'는 오래라는 의미도 있다.
4) 녀석, 놈

"그래서 옛말에 '제 눈에 앵경[5]'이라는 말이 있는가 봐. '제 눈 제가 깠다'라는 말도 있고 말이야."

위와 같이 '지골리다'라는 말에는 '잘못 고르다'라는 뜻이 포함되어 있습니다. 자기 스스로 고르긴 했지만, 지나치게 고르다 보니 오히려 잘못 골랐다는 말이지요. '눈에 콩깍지가 끼어서 제 눈을 깠다'는 말과 '지나침은 모자람만 못 하다'는 뜻의 과유불급(過猶不及)이란 말을 생각나게 하는 말입니다.

끝으로, '지고르다' '지골리다'라는 말이 사전에 등재되어 있는지가 궁금했습니다. 그래서 국어사전을 찾아봤는데요. 물론 없었고요. '제고르다'가 표준말인 것 같아 이 말도 찾아봤는데요. 이 역시 어느 국어사전에도 없었습니다. 그래서 제 나름대로 생각해 봤는데요. '지고르다' '지골리다'라는 어휘의 앞에 '지'는 '저' 또는 '제(self)'로 여겨지는데요. 따라서 '제+고르다'의 합성어라고 할 수 있습니다. 삼척지방의 사투리로 변형되면서 '지고르다' '지골리다'로 된 것 같습니다. 또 다른 의견으로 '지나치게

---

5) 안경

고르다'라는 말을 줄여 말하는 것 같기도 합니다. 제가 생각하기엔 '제고르다' '고르고 고르다 제골랐다'는 말은 서울을 비롯한 다른 지방에서도 분명히 쓸 것 같습니다. 만약에 그렇다면 '제고르다'는 표준말로 사전에 올려져야 합니다. 이 어휘에 대한 학자들의 활발한 토론이 있기를 기대합니다.

11. 이세!

제가 '이세'라고 하니 다들 "(머리에) 이세!"라는 말로 이해할 것 같은데요. 물론 그런 뜻이 있지만요. 다르게도 쓰입니다. 이 말은 1970년대까지만 하더라도요. 삼척지방 사람들이 흔히 썼던 말입니다. 우선 배경 설명을 해드려야겠군요. 지금은 혼사를 치르려면 예식장을 이용하고요. 장사는 장례식장에서 치르는데요. 예전에는 모두 집에서 치렀지요. 잔칫상에는 술을 비롯해 떡, 부침개, 과질, 돼지고기 편육, 어물, 나물 등이 올라왔고요. 마지막에는 구수한 멸칫국물에 말은 국수, 그 위에 노란 지전을 올린 잔치국수가 나왔지요.

초상집에서도 떡과 돼지고기 편육, 어물, 부침개, 나물 등이 안주로 나왔고요. 밥은 팥을 드문드문 안친 이밥이 나왔지요. 맨날 조밥과 보리밥만 먹던 촌사람들에게 시루에 쪄낸, 고슬고슬한 이밥은 꿀맛이었지요. 모처럼 대하는 흰쌀밥이라 어린애들까지 불러서 먹였고요. 곁들여 나오는 구수한 미역 장국은 삼척·동해지방 상가에서만 맛볼 수 있는 음식이었지요. 세월이 흐른 지금도 미역 장국은 문어숙회와 함께 고향 장례식장의 필수 음식으로 나옵니다.

 이렇게 집안에 큰일이 있을 땐요. 헛간에 과방이 차려지고요. 술 단지도 여러 개 준비되지요. 동네에 잔치가 있거나 장사가 나면요. 이웃들이 모여 음식을 바왔고요.[1] 모처럼 푸짐한 음식에다 술까지 먹을 수 있으니 이웃사람으로선 '개가 똥을 만난 셈'이었지요. 저속한 표현을 했네요. 제가 너무 심했나요? 그냥 웃고 넘어가시고요. 그 시절, 친척이나 가까운 이웃들은 떡 한 소래[2]나 술 한 동이를 부조했고요(거른 술을 물동이에 담아 이고 갔다). 더러는 쌀로도 부조했지요. 보통 하객들은 돈 몇 푼을 봉투에 넣어 갔는데요. 됫병 소주나 양초 한 갑을 가져가기도 했지요.

 마당에는 멍석을 깔고요. 둘레에는 장석을 둘렀으며 위에는 푸장을 쳤지요. 푸장은 하늘을 가리는 차양을 말합니다. 그 시절은 광목과 같은 천으로 만든 것이었지요. 11시경부터 손님들이 몰려오는데요. 이내 술상이 차려졌

---

1) '장만했고요' 또는 '마련했고요' 2) 함지

고요. 다들 즐겨 먹었지요. 평소에 먹어보지 못한 음식이라 배불리 먹었고요. 술도 거나하도록 마셔댔지요. 그렇게 죽치고 앉아 먹다 보면요. 또 다른 손님들이 들이닥치는데요. 그럴 때 일행 중의 한 사람이 다음과 같이 말합니다.

"이세 이 사람들아! 이 집 기둥뿌리 빼려 하나?"
"이세 이 사람들아! 실컷 먹었으면 이제 일어나야지."

'이세'라는 말은 이처럼 잔칫집이나 상가, 환갑 집 등 여러 사람이 모인 곳에서 음식을 먹고 있다가, 꽤 시간이 지났을 때 일어나자는 뜻으로 쓰는 말입니다. 새 손님이 와서 자리를 비켜주려고 할 때 쓰는 말인데요. 권유의 말로 "(이제) 일어나세"라는 뜻입니다. 영어로 'get up please' 'stand up please'에 해당합니다.

인터넷에 「강원도사투리」라는 카페가 있는데요. 저는 그 카페의 특별회원으로 여러 글을 올렸습니다. 이 카페에 '이세'라는 말을 올렸더니요. 강릉 쪽에서도 쓰는 말이라고 합다. 지금도 나이 많으신 분들은요. 잔칫집이나 상가에 가 앉았다가 뒤의 손님들이 오면요. 다음과 같이 말한다고 합니다. 강릉 방언의 대가이신 김인기 선생님의 말입니다.

"우린 인저 이세야. 자리가 읎는 같네야."

이 말이 요즘 젊은이들에겐 생소하게 들릴 것인데요. 저는 이 말이 참 정겹고 재미있는 말이라고 생각합니다. 여러분은 그렇게 생각하지 않으시나요? 하루 종일 들락거리며 퍼먹던 그 시절의 시골 잔칫집이 그립습니다.

12. 꾼들다

  삼척에는 오십천을 내려다보는 절벽 위에 보물 제213호인 죽서루가 있습니다. 1275년 고려 충렬왕 때 이승휴(李承休)가 창건하였고요. 1403년(태종 3년) 삼척부사 김효손(金孝孫)이 중창하여 오늘에 이르고 있습니다. 창건한 해로부터는 750년, 중창한 해로부터는 622년이나 된 유서 깊은 문화재인데요. 누각에는 이이(李珥)를 비롯한 명사들의 시가 걸려 있습니다. '관동제일루(關東第一樓)'라는 큰 액자는 숙종 때의 부사 이성조(李聖肇)가 걸었다고 합니다.

  예전 죽서루 뼝대[1]에서 건너편 쪽으로 출렁다리가 있었습니다. 언제쯤에 설치되었는지는 정확히 모르겠습니다만, 마읍 출신 윤광희씨가 운영하는 '삼척사랑' 카페의 자유게시판에 보면요. 한복을 곱게 차려입은 어머니들의 흑

---

1) 벼랑, 절벽

백사진이 올라 있는데요. 김홍일 님이 올린 사진에 보면요. 1960년대 상반기에 출렁다리를 배경으로 찍은 사진이 있습니다. 따라서 죽서루의 출렁다리는 1960년대에 설치된 것으로 추정됩니다. 여러분들도 카페에 들어가 그 시절 출렁다리 모습을 보시면 좋겠네요.

 이 글을 읽는 분 중에는 출렁다리를 건너다가 장난을 친 분도 있을 것 같습니다. 다리 중간쯤에서 다른 사람을 놀려주려고 다리를 흔든 분 말입니다. 그렇게 다리를 딛어 흔드는 것을 '꾼드다' '꾼들다'고 하는데요. 이 말은 삼척, 동해 지방에서만 쓰는 말입니다. 표준말의 '구르다'에 해당하는 말인데요. 선 자리에서 몸에 힘을 싣거나 발에 힘을 주어 바닥을 내리 딛는 것을 말합니다. 이 말은 다음과 같은 경우에도 씁니다. 나무로 된 마루나 학교의 마룻바닥을 쿵쿵 내리 딛을 때, 그네를 탈 때 힘을 주어 발판을 딛는 경우에도 쓰고요. 나무 위나 집안의 구둘, 배 안에서 바닥을 힘주어 내리 디딜 때도 '꾼든다'고 합니다. 또, 외나무다리나 섶다리 위에서 내리 디딜 때도 꾼든다고 하지요. 그 외에도 짚가리나 나뭇가리 위에서 아래로, 몸에 힘을 실어 흔들 때도 꾼든다고 합니다.

어릴 때 볏가리 꼭대기에 올라가 꾼들어 보셨나요? 어떻든가요? 짚가리가 흔들흔들하면서 재미있었지요? 물론, 어른들에게 야단맞았을 겁니다. "이놈들! 당장 내려오지 못할까?"라고 말이래요. 그런데요. 꾼드는 것은, 정확히 말해서 반동과 탄력을 얻기 위해 몸무게를 실어 아래 방향으로 차거나 딛는 것을 말합니다. 삼척지방 선인들은 '구르다'라는 표준말 대신 '꾼드다'라는 말을 만들어 썼습니다. 참고로 강릉을 비롯한 그 북쪽 지방에선 이 말을 '꾸느다' '꾸눌다'라고 한답니다. 앞에서 언급한 죽서루는 2023년도 밀양의 영남루와 함께 국보로 승격되었습니다.

13. 한 면(面)에서만 쓰는 말, '홍찰스럽다'라는 말

 저는 근덕면 맹방 출신으로 지금은 춘천에 살고 있습니다만, 제가 '홍찰스럽다'라는 말을 처음 들은 것은 4년 전입니다. 강원도청 회계과장과 인제군 부군수를 역임한 가곡면 출신 홍종각 씨라는 분이 있습니다. 이따금 만나는데요. 어느 날 제게 "삼척 사투리를 연구하고 계신 데, 혹시 '홍찰스럽다'라는 말을 들어본 적이 있습니까?"라고 물었습니다. 그러면서 그는 어릴 때 고향에서 분명히 들었다고 했습니다. 그러나 저로선 처음 들어보는 말이었습니다. 그래서 "'황잡스럽다' '황잡하다'라는 말은 많이 들어봤지만, '홍찰스럽다'라는 말은 금시초문인데요."라고 했습니다. 그 후 전 홍 부군수가 말한 '홍찰스럽다'라는 어휘가 궁금해서 늘 머리에 맴돌았습니다.

 그런데요. 몇 달 전 삼척문화원에서 발간한 『삼척민속지 제1권 '가곡 사람들의 삶과 문화'』를 읽던 중에 '홍찰스럽다'는 어휘를 발견했습니다. 이 민속지는 지금부터

28년 전인 1997년도에 발간된 책인데요. 가곡면 지방 주민들로부터 채집한 이야기들을 실은 책입니다. 그 당시 구술한 분들은 대부분 70대, 80대분으로 지금은 거의 돌아가셨을 것입니다. 그래서 더 가치가 있는데요. 다른 시군에서는 감히 생각지도 못 한 시기에 삼척 곳곳의 전해오는 민요나 풍속, 이야기들을 조사하여 엮은 것은 대단한 일입니다. 그런 큰일을 30년 전에 이미 기획한 김원우(金源右) 전 삼척문화원장님의 선견지명에 경의를 표합니다. 그 책 100쪽에 다음과 같은 내용이 있습니다.

"우리 시아바이가 서당에서 학생들에게 글을 가르치는데, 하두 학생이 홍찰시러우니깐 홍찰시러우니까느, 저놈의 새끼, 오늘 못 놀도록 담배씨 줄기 한 대를 주면서 이 담배씨를 오늘 다 세어 놔라고 했는데요…"(지면 관계상 후속 이야기 생략)

이어지는 내용을 설명드리면요. 담배 씨앗은 종자가 매우 작아 숫자를 세기가 매우 힘든데요. 훈장 선생님이 황잡스러운 학동에게 하루 만에 혼자서는 도저히 셀 수 없는 양을 주면서요. 오늘 안에 모두 세어 놓도록 벌을 내렸던 것인데요. 그런데 홍찰스러운 아이가 예상을 뒤엎고요. 그날 안에 다 세어 놓았다고 합니다. 혼자서 세지 않고요,

꾀를 내어 서당 학생 여러 명에게 나누어 주어 센 다음 그것을 합해 내어놓았다고 합니다. 학동이 홍찰스럽긴 해도 지혜가 있어 제 시간 안에 그 작은 씨앗을 모두 세어 놓았다는 이야깁니다.

위에서 언급한 '홍찰스럽다'라는 말은 '하는 행동이 거칠고 잡스럽다'라는 뜻입니다. 삼척지방의 또다른 방언인 '황잡스럽다'리는 말과 같은 의미의 말입니다. 그런데요. 이 '홍찰스럽다'라는 말은 삼척 전역에서 사용하는 말이 아닙니다. 가곡 지방, 좀 넓게는 원덕지방에서만 쓰이는 말입니다. 이에서 보듯이, 방언은 여러 시군, 여러 도에 걸쳐 넓게 통용되는 말이 있는가 하면요. 면 단위, 심지어 특정 마을 안에서만 쓰이는 방언도 있습니다. 어떻든, '홍찰스럽다'라는 말은 삼척시 가곡면 지방의 특이한 방언이자 소중한 방언입니다.

마무리를 하며...

제가 책 제목을 "구수하고 재미있는…"이라고 하였습니다. 고향 사람이나 방언에 관심이 있는 분은 재미가 있겠지만 그렇지 않은 분은 재미를 못 느낄 것 같습니다. 하물며, 다른 지방 사람이라면 아주 재미가 없어 몇 줄 읽다가 말거나 아예 휴지통에 버릴 수도 있는 책입니다. 왜냐하면, 특정 지역의 사투리에 관심이 없기 때문일 것이며, 계속 생소한 어휘가 반복되니 읽을 흥미를 느낄 수가 없기 때문일 것입니다. 그런 책을 '구수하고 재미있는'이라고 제목을 붙였으니 죄송한 마음입니다.

서두에서도 잠시 언급하였지만, 방언 하나하나에는 우리들의 부모와 할아버지 할머니, 또, 그 위의 할아버지 할머니들의 삶이 배어있습니다. 말 속에 시대 상황이 녹아있습니다. 제가 이 책에서 다룬 어휘들은 국어사전은 물론 방언사전에조차 오르지 못한 언어들이 대부분입니다. 저는 그런 언어들을 찾아내고 그 어휘와 관련한 글을 쓰는 것이 재미있습니다. 솔직히 표현한다면, 재미있는 정도가 아니라 즐겁습니다. 그래서 삼척지방 방언의 조사·발굴은 물론 이제는 강원도 전역의 방언을 찾아 나서고 있습니다. 그 결과물은 몇 년 후 『강원방언대사전(가칭)』이란 이름으로 발간될 예정으로 있습니다.

끝으로, 시에서 허락한다면 내 생명 다하는 날까지 연재를 하고 싶습니다. 다시 한번, 다른 지방자치단체에서도 그 지방의 고유한 언어들이 그 지방 소식지에 연재되기를 기대합니다. 재미없는 글, 끝까지 읽어주셔서 감사합니다.

구수하고 재미있는
삼척방언 순례

발 행 2025년 11월 20일
지은이 이경진
펴낸곳 도서출판 태원
    24349 강원특별자치도 춘천시 서부대성로 110-2
TEL (033)255-0277
E-mail tw0277@hanmail.net

ISBN 979-11-6349-156-9 03810

값 15,000원

ⓒ이경진, 2025, korea

이 책은 저작권법에 의하여 보호를 받는 저작물이므로 무단 전재와 복제를 금합니다.

이 책은 강원특별자치도 강원문화재단 의 문화예술 지원금으로 출간되었습니다.